LES LANCEURS D'ALERTE EN DEMOCRATIE

ETHIQUE ET LOIS

Logiques Juridiques

Fondée par Gérard Marcou

Dirigée par Jean-Claude Némery et Thomas Perroud

Le droit n'est pas seulement un savoir, il est d'abord un ensemble de rapports et pratiques que l'on rencontre dans presque toutes les formes de sociétés. C'est pourquoi il a toujours donné lieu à la fois à une littérature de juristes professionnels, produisant le savoir juridique, et à une littérature sur le droit, produite par des philosophes, des sociologues ou des économistes notamment.

Parce que le domaine du droit s'étend sans cesse et rend de plus en plus souvent nécessaire le recours au savoir juridique spécialisé, même dans des matières où il n'avait jadis qu'une importance secondaire, les ouvrages juridiques à caractère professionnel ou pédagogique dominent l'édition, et ils tendent à réduire la recherche en droit à sa seule dimension positive. À l'inverse de cette tendance, la collection « Logiques juridiques » des éditions L'Harmattan est ouverte à toutes les approches du droit. Tout en publiant aussi des ouvrages à vocation professionnelle ou pédagogique, elle se fixe avant tout pour but de contribuer à la publication et à la diffusion des recherches en droit, ainsi qu'au dialogue scientifique sur le droit. Comme son nom l'indique, elle se veut plurielle.

Dernières parutions

Demba MBOW, *Le secret dans l'arbitrage international, Approche critique,* 2021.

Benoît GRÉMARE, *De l'arme nucléaire française. Essai sur la constitutionnalisation de la force de frappe,* 2021.

Gladys TREZENEM, *La dignité de la personne humaine et le juge administratif,* 2021.

Chryssi PAPANIKOLAOU, *Le principe de l'Etat social, Étude sur les limites de l'activité législative en droit comparé français et hellénique*, 2021.

Yves Gabriel DJEYA KAMDOM, *La responsabilité des ordonnateurs des crédits publics dans le système financier contemporain. Étude des droits camerounais et français,* 2021.

Camille Guillermet

Les lanceurs d'alerte en démocratie

Éthique et lois

L'Harmattan

5-7, rue de l'École-Polytechnique – 75005 Paris
www.editions-harmattan.fr
ISBN : 978-2-343-25263-6
EAN : 9782343252636

Remerciements :
Je remercie tout particulièrement M. David Bisson, professeur et directeur de mémoire, qui m'a guidée et encouragée tout au long de mes recherches et dont les conseils avisés m'ont permis d'aller au bout de ma démarche.

Sigles :

ACRO (Association pour le contrôle de la radioactivité dans l'Ouest)
AIEA (Agence internationale de l'énergie atomique)
AFP (Agence française de presse)
AMF (Autorité des marchés financiers)
ASN (Autorité de sûreté nucléaire)
CEA (Commissariat à l'énergie atomique)
CFDT (Confédération française démocratique du travail)
CGT (Confédération générale du travail)
CPA (Comité permanent amiante)
CRIIRAD (Commission de recherche et d'information indépendantes sur la radioactivité)
ESB (Encéphalopathie spongiforme bovine)
MDO (Maladie à déclaration obligatoire)
OCDE (Organisation de coopération et de développement économiques)
ONG (Organisation non gouvernementale)
ONU (Organisation des nations unies)

INTRODUCTION :

Dans ses *Essais,* Montaigne avait dit : “L’ignorance qui se sait, qui se juge et qui se condamne, ce n’est pas une entière ignorance[1].” Loin d’imaginer plus tard que les individus se réaliseraient dans cette forme d’ignorance voulue ou acceptée ; ceci de manière presque inconsciente et à des fins bien moins nobles et justifiées qu’une curiosité humaine lassée, voire incapable de se combler. Pourtant c’est précisément de cette ignorance cachée que surgit le problème aujourd’hui. Une ignorance qui permet de pérenniser des situations inconcevables ou apparemment inextricables au profit d’une quelconque productivité ou d’un orgueil qui refuse à tout être humain de remettre en cause des actions élaborées et suivies depuis plusieurs années, une coutume récente mais à espérer éphémère.

Ce phénomène que l’on acceptera d’appeler orgueil, est justement ce que tentent d’abolir les soi-disant lanceurs d’alerte. Une usurpation et une hypocrisie qui, parce que tel est “l’usage”, “l’efficacité prouvée”, la “rentabilité” ou la “commodité”, devrait donner raison à toutes sortes de pratiques corrompues et malhonnêtes pouvant parfois mettre en péril la vie de milliers d’individus ou entériner l’injustice en aidant des criminels à faire fructifier leurs biens malencontreusement acquis.

Le comble demeure sûrement quand une partie de la population, encore défiante face à un acteur pourtant ancien, condamne des actes dont la forme vient à choquer, quand le fond, lui, est totalement occulté. Dans une société du paraître, la manière d’agir prévaut sur l’action et les paroles mêmes. Qu’importe que la vérité ait éclos, le secret professionnel et la loyauté envers l’entreprise ou la hiérarchie ne peuvent être trahis sans engendrer la déchéance du lanceur d’alerte, exposé alors tel un individu sans valeurs respectables par la société. Snowden, Assange, Antoine Deltour, des héros pour les uns, des usurpateurs et des lâches pour les autres, mais dans tous les cas des individus abandonnés, oubliés par tous et leurs Etats en premier. Le seul intérêt qui les maintient dans les radars médiatiques étant les interminables poursuites en justice qui

[1]Michel Montaigne, *Essais*, II, 12, PUF, p.502.

transforment ces procès en véritables acharnements d'acteurs souvent immenses et fortunés face à un individu isolé et sans ressources, puisque sans travail désormais. Inemployables par la suite et sans situation sociale stable, il était temps pour ces individus de trouver au moins une existence officielle, avec l'inscription d'un statut juridique leur donnant des droits comme des devoirs. L'ignorance ne devrait alors plus servir d'excuse.

Pourtant, une idée intéressante soulevée par le sociologue Niklas Luhmann, est celle du *refus d'apprendre* des individus dans un système où la société toute entière peut se reposer sur l'*acquis* existant que sont les institutions, le droit et plus largement sur la "morale dominante" favorisée par cet ensemble politico-juridique et social. L'acquis donne une forme de connaissance qui rend moins nécessaire la recherche ou l'apprentissage de biais différents, surtout quand il s'agit d'un système de plus en plus complexe où la société elle-même ne semble plus savoir où aller ni ce qu'il faut choisir. Le bien et la justice, perdus dans les concepts modernes de l'"éthique libérale" induite par l'ouverture des marchés et des capitaux ainsi que des mœurs et des cultures, ne sont plus des repères reconnus ou partagés par l'ensemble des individus. Ils sont devenus des notions abstraites, à leur tour individualisées, suite naturelle du mouvement de privatisation du fait religieux, qui rend impossible toute entente valide d'une voie à suivre et de bases irréfutables. Le monde du doute s'est installé dans une société toujours plus complexe, noyée dans la multitude des sous-systèmes qui jaillissent sous prétexte de favoriser chaque identité, chaque groupe d'intérêts, ou des minorités infimes, et donnent ainsi autant de représentations diverses et d'interprétations ; tels les idéaux universels, bien et justice, qui semblent à jamais enterrés dans les théories de philosophie politique et économique.

Le "refus d'apprendre" pourrait trouver obstacle dans la *diffusion "forcée" d'alertes,* opérée par des lanceurs, agissant comme une alarme de conscience et empêchant un instant l'endormissement des individus dans une forme de léthargie politique, une nonchalance, dangereuse pour la société et les institutions démocratiques.

Si le phénomène des lanceurs d'alerte et l'émergence de ce nom dans le langage médiatique sont récents, le fait d'alerter une autorité d'un dysfonctionnement quelconque ou d'une forme d'abus commise au sein d'un système (politique, financier, économique...) est lui intemporel. De tout temps, il a existé des individus plus ou moins sensibles à l'harmonie de leur cité et à celle de leurs institutions. Sous l'Antiquité, les *parrèsiastes* étaient ces personnes qui avaient le courage de *dire la vérité*. Une personne dotée d'assurance et de "*franc-parler*", "vertu essentiellement politique[2]". De même, ils étaient autant critiqués quand ils déclamaient des faits qui venaient heurter la bien-pensance majoritaire. La vérité porte en elle un acte politique. Une notion du risque donc déjà présente dans l'acte de la déclamation publique. D'autant que les pratiques d'espionnage et du secret des affaires représentaient les mêmes obstacles à la diffusion de la vérité sur la scène publique qu'aujourd'hui. Une distinction à faire cependant avec les lanceurs d'alerte du XXIème siècle est l'aspect philosophique qui accompagnait l'alerte. Un état d'esprit de lutte pour la vérité et de détachement par rapport aux conventions sociales, affranchissement qui faisait du parrèsiaste un être plus libre que le reste des citoyens.

"Notre siècle est sans doute le premier au cours duquel la rapidité des changements intervenus dans les choses de ce monde dépasse les changements intervenus parmi les habitants. Le rétrécissement constant de l'appréciation de la durée d'une génération est un symptôme alarmant de ce nouvel état de choses[3]."

Un point intéressant observé par Hannah Arendt est la constance dans la lutte entre la double volonté au changement et à la stabilité qui s'oppose pourtant. Si le phénomène des lanceurs d'alerte bouleverse autant les sociétés d'aujourd'hui, cela peut relever de ce que les changements survenant de façon plus pressante et soudaine, finissent par déstabiliser les individus dont l'inconscience appelle unanimement à une

[2]Les diseurs de vérité 2. Le parrèsiaste ou le courage de la vérité., 28 septembre 2010. https://penseedudiscours.hypotheses.org/1557

[3]Hannah Arendt, *Du mensonge à la violence*, Agora Pocket, Paris, p.80.

réfraction de telles réalités et donc à des réactions conservatrices dans le sens de la mise en pause d'un monde aux évolutions trop brutales pour être acceptées paisiblement. En sonnant l'alerte, ils agissent comme des réveilleurs de conscience jusqu'ici en sommeil et ouvrent les yeux sur les horribles vérités qu'on préférerait rester cachées. Ces actes ne sont pas condamnables en soi car ils sont des réactions humaines, directement attachées aux instincts dont on sait la force qu'ils peuvent exercer sur les passions de l'homme.

Aujourd'hui si la pratique de la déclamation sur la scène publique est toujours d'actualité, des points ont cependant changé. Premièrement l'aspect philosophique qui se restreint maintenant plus à un caractère individuel de conscience et de moralité. Bien que le terme de bien commun ou d'intérêt général soit régulièrement repris dans les textes, il s'agit avant tout d'une considération personnelle, un acte certes porté par la vérité et poussé par une aspiration de justice. L'accueil a lui aussi changé car l'alerte devient moins facilement étouffable. Les acteurs se trouvent, d'une certaine façon, protégés par le système qu'ils dénoncent, leur vie n'étant plus mise en danger. Enfin, utilisant le plus souvent la scène médiatique, dotée d'une immédiateté sans précédent dû aux moyens d'informations modernes, l'alerte s'adresse désormais à un public plus large et averti. Un public conscient aussi des imperfections du système démocratique mais dont l'avis demeure politisé. La place de ces acteurs marginaux dans la sphère publique fait donc autant débat entre les citoyens qu'à l'époque de Socrate et de Diogène. Et un débat qui regarde en plus la définition à donner à ces acteurs. Car chaque pays en donne des caractéristiques différentes, variées. Il y a l'auxiliaire de justice (ou collaborateur de service public), approche américaine qui tend à se généraliser, le prophète de malheur, approche plus française[4], le révolté, le parrèsiaste, le déontologue, le panoptique... Il demeure tout de fois un trait commun qui est souvent plébiscité

[4]L'appellation de "prophète de malheur" a été utilisée la première fois en France pour désigner les lanceurs d'alerte par le sociologue Chateauraynaud.

par les textes. Le lanceur d'alerte "doit incarner au minimum l'intérêt pour autrui et, au maximum, l'intérêt général"[5].

Face à la complexité des définitions, certains souhaiteraient voir se dessiner sur la scène internationale une définition plus stricte et minimale qui permettrait son "homogénéisation et sa portée universelle[6]", ainsi que la reconnaissance des personnes physiques et morales de droit public et privé. Un lanceur d'alerte est donc une *personne qui, consciente d'un mal qui s'opère, en informe la société pour s'assurer de la considération et de l'éradication du problème.*

Enfin, après les pays nordiques, la Suède[7] et la Norvège qui proposent des lois favorables aux lanceurs d'alerte, ce sont les Etats-Unis qui se tiennent à la pointe dans le domaine. Or, se tenir pionnier en matière de législation pour la reconnaissance des lanceurs d'alerte dans le monde, ne signifie pas pour le pays, une meilleure protection de l'acteur et une plus grande liberté d'expression et d'information. Il consiste bien au contraire en un contrôle de l'orientation que vont prendre les législations futures et leurs interprétations nationales. Les Etats-Unis entendent imposer une nouvelle fois une vision proprement démocratico-américaine de l'encouragement à la délation, dans le domaine financier avant tout ; mais surtout ils annoncent un principe de *contrôle-surveillance* entre les citoyens eux-mêmes qui facilitent non seulement le travail des Etats mais nuisent aussi à leur propre liberté en instaurant un système où la sécurité est mot d'ordre. Et c'est ce paradigme qui inquiète les populations face à l'engouement grandissant pour l'innovation juridique.

La concentration des lanceurs d'alerte sur le paysage politique n'est donc pas une tendance isolée, elle est plutôt l'annonciateur bien visible d'un mal plus profond et stagnant depuis quelques années déjà, d'une crise de l'autorité, d'une

---

5Mathieu Disant, Delphine Pollet-Panoussis, *Les lanceurs d'alerte. Quelle protection juridique ? Quelle limite ?* LGDJ, Lextenso éditions, Paris, 2017, p.39.

6Ibidem, p.42.

7La Suède dispose d'une loi pour la protection des libertés d'informations et du droit de la presse depuis 1776, soit trente ans avant la déclaration des droits de l'homme et du citoyen en France.

crise des repères et d'une remise en cause générale des valeurs et des principes qui avaient guidé l'humanité à travers l'histoire et jusqu'ici. L'affaire de ce travail réside alors, grâce à une première partie de remise en contexte avec les scandales liés à l'amiante, à la vache folle et au nucléaire, et d'un historique non exhaustif des actions d'alerte en France et à l'étranger, à réinscrire le débat de la parole publique dans un environnement hostile à la vérité et dont le droit montre ses premiers signes d'effritements.

Des effritements de plus en plus manifestes dans les sociétés modernes qui, par la présence des lanceurs d'alerte, annoncent la vérité d'un dysfonctionnement plus profond que les scandales dénoncés, celui de la déliquescence des socles sur lesquels reposent les démocraties. Le droit étant le socle principal à ce régime, il ne fonctionne qu'à travers le contrat social entre les citoyens et le législateur, une revue des lois existantes est nécessaire à l'appréhension de la porosité du droit. Enfin un fait plus aléatoire qui est celui du mensonge en politique et du problème des représentations. Deux points qui entravent les réalités d'un monde social et politique alors en proie à tous les subterfuges.

PREMIERE PARTIE : L'ÉMERGENCE DU STATUT DES LANCEURS D'ALERTE : UN STATUT INTROUVABLE

L'accumulation brutale des affaires au cœur des espaces publics et démocratiques dans le monde occidental est à l'origine d'une nouvelle conscience juridique en termes d'encadrement et de protection des alertes par les citoyens.

I-Le contexte (des années 1990 et années 2000) : la multiplication des risques et des catastrophes, leur traitement médiatique et les premières « grandes affaires ».

Au début des années 1990, les scandales se sont bousculés dans le nouveau paysage médiatique, du fait de l'innovation technique, de l'augmentation de la production et de l'ouverture des marchés. Les problématiques nouvelles devant lesquelles les gouvernements se sont retrouvés, les ont forcés à mettre en place des moyens plus adaptés pour leur traitement. Une adaptation toujours d'actualité.

A- Les années 1990 et 2000 : l'émergence d'une société des risques

1-De nouveaux moyens de diffusion de l'information

Avec l'arrivée d'internet et un peu plus tard des médias, les années 1990 et le début des années 2000 ont concentré en elles des changements profonds, soudains et irréversibles pour les sociétés modernes. Ils consistent spécifiquement en une période butoir laissant la porte grande ouverte à toutes les formes d'évolutions de technologie d'abord et donc des sociétés ; ces évolutions étant poussées par la nouvelle interconnexion permanente entre le monde entier.

À partir de cette interconnexion des sociétés entre elles par l'intermédiaire de l'internet et des réseaux, ces nouveaux moyens regroupés sous le nom aujourd'hui de l'espace numérique, les informations ont d'un seul coup explosé, alors libres de traverser les câbles et les pays, entrant dans les foyers sans prévenir et sans obstacle physique ou presque. Des faits avant inconnus ou inaudibles se trouvèrent propulsés sur l'avant de la scène numérique, relayés par des individus des quatre coins du monde. Et avec eux des affaires qui ne pouvaient plus être confinées sur leur seul territoire d'origine. C'est dans ce premier contexte que les grandes catastrophes qui ont bousculé la fin des années 1990 et le début 2000, l'amiante, la vache folle, Clearstream 1, ont pu voir le jour. Affichant avec elles les noms d'individus jusqu'ici anonymes et les exposant à la vue et à la critique de millions de spectateurs. En effet, il ne s'agissait maintenant non seulement de la divulgation de faits-informations à la connaissance du public mais également de l'étalage d'émotions qui, avec l'audio-visuel, a transformé la réception et l'interprétation des faits, alors destitués d'une partie de leur objectivité, en réceptacle de sentiments et de réactions nombreux et violents. Une confusion générale soudaine alimentée par l'intensification toute aussi rapide de l'activité économique.

2-Multiplication des risques avec l'intensification de l'activité économique

Avec l'arrivée des nouvelles techniques d'information et de communication (NTIC), la globalisation de l'économie financière et le développement des moyens de production, les engrais, les pesticides, les photosynthèses, le cosmétique, les abattoirs, les multinationales, le travail en chaîne (fordisme) ou l'enrichissement accéléré au détriment d'une plus grande pauvreté (sous-travail et misère), sont autant de raisons nouvelles qui mènent à des catastrophes et des scandales fréquents.

3-Amplification des catastrophes

Ainsi l'amplification des catastrophes, au vu des différents et nombreux facteurs d'évolutions récentes, s'ajoute au traitement sensible d'alertes éparses et de la prise en compte d'individus que rien ne présageait à être sous les projecteurs. Un tel phénomène rend critique l'appréhension de ces nouveaux acteurs internationaux et leur reconnaissance publique encore moins aisée. Les scandales ne peuvent plus se résoudre dans le seul cadre confiné de l'entreprise et ou des acteurs concernés. Leur médiatisation amplifie largement leur impact et cristallise autant leur résolution. Les réactions hostiles et contradictoires envers ces individus s'avèrent tout à fait naturelles, la confusion qu'elles ont générée parmi les sociétés en font des éléments et un phénomène dangereux. Apportant un semi chaos, du moins dans la conscience collective perdue face à tant de nouvelles informations lâchées telles une bombe, les lanceurs d'alerte ont, en voulant rendre les activités humaines plus respectueuses et transparentes, eux-mêmes participé à l'entretien du désordre qui imprègne chaque jour les démocraties. L'image du détonateur leur convient parfaitement. Ils sont les précurseurs d'une crise plus générale, plus profonde, menaçant les sociétés démocratiques au-delà des frontières.

4-Théorisation pas Chateauraynaud : le cas de l'amiante

"Les lanceurs d'alerte authentiques sont des individus dont le métier n'est pas d'informer, mais qui sont dans une situation imprévue et face à des dilemmes. Ces individus vont déranger les pouvoirs en place, ou avoir besoin d'un espace public, créé pour penser le problème : amener des arguments, des témoignages, recouper des phénomènes, pour changer le droit ou contester la possibilité de poursuivre dans un système économique donné. Le lanceur d'alerte ouvre un espace critique, politique de bout en bout."[8]

Cette définition éclaire entièrement les faits qui se sont déroulés tout le long des années 1950 et jusqu'aux débuts des années 2000. Avec autant d'affaires qui ont défrayé la presse et les gouvernements consécutifs. Ceux que l'on dénomme

[8] Francis Chateauraynaud, « L'ère des lanceurs d'alerte : du prophète de malheur au lanceur averti », *France culture*, 11 mars 2019.

aujourd'hui "lanceurs d'alerte" étaient, au moins jusqu'à ce jour, de simples citoyens alertés qui, conscients d'un danger imminent ou potentiel, et par souci de conscience professionnelle et/ou individuelle avaient inquiété les pouvoirs publics en transmettant, en regroupant des informations qui étaient encore mal prises en compte, de par un manque de coordination des administrations mais aussi d'un manque d'expérience et de recul quant aux actions qui doivent être prises dans de telles situations.

Trois grandes affaires ont marqué la scène médiatique lors de cette période (dès les années 1970 jusqu'aux années 2000) et dans la continuité, un peu encore aujourd'hui. L'amiante, la maladie Creutzfeldt-Jakob suite à l'affaire de l'encéphalopathie spongiforme bovine (ESB) plus connue comme l'affaire de la vache folle et le problème des radiations nucléaires et de leurs déchets.

Dans les années 1970, en plus d'un contexte propice aux contestations sociales, chocs pétroliers, dévaluation avec la fin du système Bretton Woods (fin de la convertibilité du dollar en or), ouverture mondiale des marchés financiers, mouvements étudiants, centralisation du pouvoir en France, les dossiers de contamination de l'air par l'amiante s'empilaient un peu partout sur le territoire sans que les autorités ni les industriels ne soient préparés à ce genre de conséquence sur la santé et pour les populations. Le flocage d'amiante est un isolant utilisé dans le bâtiment pour protéger les infrastructures du feu, de l'électricité et d'autres produits chimiques ainsi que pour sa qualité d'absorbant. Minéral puissant et à faible coût, (d'où son surnom de *"magical mineral")* la quasi-totalité des infrastructures en France étaient isolées avec ce matériel et les alternatives connues n'avaient pas prouvé d'efficacité plus grande ni d'absence entière de danger. Polyvalent, il sert aussi comme liant, c'est-à-dire qu'on en ajoutait systématiquement dans les colles, les peintures, les plâtres... ou dans d'autres installations électriques telles que les sèche-cheveux ou les radiateurs. La particule était présente partout. L'annonce d'une possible contamination de l'air par l'amiante et de risques pour la santé a donc été un coup dur pour les professionnels comme pour les populations dont la nécessité de ce minéral rendait incertaine le désamiantage global et serein. De plus, si des cas de contamination avaient déjà été signalés plus tôt, dès les années 1950 c'est aussi le *manque cruel de communication* autour du produit et de ses dangers qui a étalé dans le temps la découverte, l'analyse et la résolution du problème de l'amiante. Aujourd'hui, les entreprises de désamiantage sont toujours actives et leur travail, s'il est réalisé dans une plus grande discrétion, démontre la *lenteur d'action* des autorités responsables du contrôle, de l'hygiène et de la sécurité des biens publics ainsi que le *manque de moyens;* les opérations de désamiantage ayant un coup très élevé (il faut effectivement faire intervenir une équipe de professionnels, protéger les travailleurs, enlever toutes les particules d'amiante, invisibles à l'œil nu, et les remplacer par un autre produit dont l'innocuité n'est pas plus démontrable au long terme). Qui doit payer pour de tels travaux ? Les propriétaires des infrastructures ou les services publics, s'il s'agit de bâtiments administratifs ou de service public ? En plus des frais occasionnés, il faut également penser à la location de locaux intermédiaires qui seront alloués le temps de la réalisation des travaux et tout simplement penser à faire contrôler en amont les installations par des contrôleurs formés.

Le scandale ne résidait donc pas dans l'apparition au grand jour de nouveaux acteurs, qui pouvaient certes incarner le “prophète de malheur”, mais dans l'impasse dans laquelle ils plaçaient les autorités et les industries, mais aussi les populations, quant à l'irréversibilité du processus enclenché alors, celui de la décontamination. Ce phénomène qui annonce l'*irréversibilité du processus de l'alerte* est justement la partie la plus “gênante”, la plus incommodante pour les autorités et même pour tous les acteurs concernés par l'alerte, car il les met devant le fait accompli, sans ne plus pouvoir cacher ni enfouir le problème, le nombre de personnes averties constituant un rempart efficace et un surveillant constant et pointilleux de sa prise en main. Finalement la dénonciation de ces “prophètes de malheur” s'avère sûrement être la meilleure *stratégie pour se déresponsabiliser* d'un fait auquel ils n'étaient pas préparés ou pour lequel ils ne voulaient rien avoir à assumer. Mais c'est une stratégie dangereuse car elle a effectivement bien remis en cause la légitimité de tels individus-prophètes qui se trouvent au cœur de toute une machination politico-juridique afin de définir et d'encadrer leur statut et leurs conditions d'existence légale, au lieu de développer et renforcer les systèmes et procédures existantes dans le contrôle et l'éviction de scandales (ce par un système de prévision-vigilance encadré par l'Etat et/ou une autorité indépendante ?).

Prenons le cas de l'amiante qui a vu naître et défiler nombre de nouveaux acteurs et groupes influents, comme le comité permanent de l'amiante (CPA[9]), qui a exercé en tant que lobby informel auprès de l'État, le comité anti-amiante de Jussieu, l'association nationale de défense des victimes de l'amiante (Andeva) plus ou moins soutenus par des syndicats tels que la CFDT ou CGT. A chaque scandale, l'apparition d'acteurs sur la scène politique et médiatique. Des associations, des groupes de citoyens, d'industriels, d'experts et/ou des lobbies, des groupes d'influence qui tentent chacun de leur côté et selon leurs moyens de participer à la formation des règles et des lois qui seront plus tard les références ultimes pour les affaires prochaines. Le CPA, issu d'industriels de l'amiante a eu un rôle majeur dans l'affaire de l'amiante en la faisant durer plus que nécessaire du fait de son fort pouvoir d'attraction auprès des autorités en place. Créé en 1982, il a notamment soutenu l'idée d'un manque de moyens et de perspectives sur l'avenir pour décider de retirer drastiquement l'amiante du marché français. C'est ainsi que la France a adopté la politique de la continuation sur le marché de la particule, pendant que des recherches pour des alternatives étaient en cours. Tout près, l'Allemagne avait quant à elle décidé l'interdiction rapide et définitive de toute commercialisation de ce produit, s'engageant dans une voie plus *proactive* de recherches et de décontamination générale. Il fallut attendre le 20 mars 1978 avec le décret n°78-394 pour que les flocages à l'amiante soient enfin interdits, mais ce décret ne statuait toujours pas sur les installations existantes ni sur la mise en circulation du minéral

---

[9] Le CPA regroupait en fait également des ministères, celui de la Santé, du Travail et de l'Environnement, des syndicalistes et des scientifiques qui se réunissaient à Paris au 10 avenue de Messine, et qui, bien qu'informel, a concrétisé la politique française de l'amiante dans ces années-là.

sur le marché français. C'est encore quelques présidents plus tard, en 1997, que le gouvernement de Jacques Chirac promulgua l'interdiction définitive de l'amiante[10].

La France n'est bien sûr pas le seul pays touché mais les réponses apportées par les autorités sont, elles, différentes. Alors que l'Allemagne demandait à la Commission européenne une interdiction rapide de l'amiante, le ministre de l'Industrie français de l'époque, Dominique Strauss-Kahn[11], répondait : "La politique de la France vis-à-vis de l'amiante est celle de l'*utilisation contrôlée* de cette fibre par la suppression des causes qui ont rendu son emploi dangereux dans le passé. [...] La France estime que cette politique, qui correspond aux orientations communément admises sur le plan international (notamment aux États-Unis, où un tribunal a annulé la 18 octobre 1991 une loi visant à interdire progressivement la plupart des produits d'amiante) n'a pas lieu d'être modifiée. [...] la France a élaboré un projet de recommandation de la Commission prévoyant notamment la réduction progressive des niveaux d'exposition.[...] Elle peut donner en exemple le travail accompli à ces égards au sein du Comité Permanent de l'Amiante qui regroupe des représentants appartenant à toutes les parties intéressées." [12] Préférant suivre la voie des Etats-Unis, sous le prétexte de "conséquences lourdes pour les industries françaises (automobile et cimenteries)[13]" et que l'utilisation de matériaux de substitution devait encore faire l'objet de recherche. Une vision de déni donc, fortement soutenue par le CPA mais aussi une foi en la maîtrise des risques. Dans cette perspective avaient été établis trois critères à

---

[10]Décret n°96-1133 du 24 décembre 1996 relatif à l'amiante, article 1 : "sont interdites, en application de l'article L.231-7 du Code du travail, la fabrication, la transformation, la vente, l'importation, la mise sur le marché national et la cession à quelque titre que ce soit de toutes variétés de fibres d'amiante."

[11]Ministre de l'Industrie et du commerce extérieur sous le gouvernement Bérégovoy du 4 avril 1992 au 30 mars 1993, réponse adressée à au parlementaire François-Michel Gonnot le 6 juillet 1992 à l'Assemblée nationale.

[12]Didier Chateauraynaud, *Les sombres précurseurs*, Paris, EHESS, 2013, p. 137.

[13] *Ibidem.*

prendre en compte dans le choix d'un possible remplaçant de l'amiante : l'absence de risques potentiels pour la santé et la sécurité, le coût et la technologie utilisée. La priorité étant bien sûr l'accessibilité financière puis logistique d'une telle entreprise de remplacement. Même en période de crise sanitaire la *rentabilité* demeure un facteur non négligeable dans l'établissement des politiques publiques.

Bien qu'inquiétés dès les années 1950, l'affaire avait officiellement débuté en 1974 avec le constat de scientifiques-chercheurs de "poussière perturbant leur expérience[14]". Des analyses avaient donc été approfondies mais les résultats n'ont été rendus publics qu'en 1976, laissant deux ans d'inaction alors que la "poussière" faisait déjà des dégâts visibles auprès des populations. Pourquoi attendre deux ans avant de se prononcer sur un danger potentiel public ? Beaucoup critiquent cette habitude des autorités à rechigner devant la diffusion d'informations, d'autant plus qu'elles les concernent eux directement. Des informations qui, pour les autorités ou bien les "experts" qui les ont conseillés, ne seraient pas utiles à l'intérêt des citoyens "profanes" quand bien même il en va de leur propre sécurité.

Il est en outre compréhensible de voir des citoyens s'insurger ou prendre eux-mêmes en main les résolutions d'affaires rendues publiques, par la création d'organisations, d'associations ou d'expertise indépendantes. La perte de confiance autrefois accordée à l'État et à ses institutions est légitime quand des décisions politiques se voient reposer en majeure partie sur des avis de scientifiques ou intellectuels "experts", conseillers de l'autorité politique, hors système et considérant les citoyens "profanes" incapables d'appréhender des problèmes spécifiques ni même de raisonner de manière logique et pragmatique quand il s'agit d'un problème qui les touche directement ou indirectement. "En contrôle des risques; la normalisation des seuils d'empoussièrement ou de pollution rend le risque "socialement acceptable[15]". Une telle affirmation alors que le nombre reporté de décès dus à l'amiante montait de

[14] *Ibid.*, p.109.

[15] *Ibid.*, p.133.

façon continue : “1950 morts par an en 1996 est l’hypothèse la plus basse[16].” Ce “piège institutionnel” qui consiste à se “reposer sur l’État pour pallier aux dysfonctionnements” est une raison supplémentaire de l’engouement grandissant pour les lanceurs d’alertes et les initiatives citoyennes de “contre voix” officielle.

Si les affaires de l’amiante ont fait du bruit, leurs résolutions n’ont pas été non plus ménagées par le manque d’action et de volonté politique. Les recensements des établissements potentiellement menaçants pour la santé et la sécurité n’ont, par exemple, pas tous été réalisés, faute d’interlocuteurs au sein des gouvernements et des administrations relais. Le cas de la mairie de Montpellier qui avait fait une demande d’aide financière auprès du gouvernement le 21 novembre 1980. Le financement avait été accepté mais en 1996, soit seize ans plus tard les travaux n’avaient toujours pas été engagés. Après le problème de l’amiante suivra le problème du “désamiantage sauvage” et des entreprises éclosent de part et d’autres de l’Hexagone, profitant de ce nouveau marché lucratif bien avant de se soucier du sérieux et des règles sanitaires et de sécurité établies. Ce sujet occupe toujours aujourd’hui les travailleurs dans le bâtiment et autres professionnels qui se trouvent confrontés parfois à des sites non décontaminés. Ceci, plus de quarante ans après l’éclatement du scandale et malgré les décrets rendant normalement obligatoires la surveillance et le recensement des sites menacés. S’agit-il ici d’un manque de volonté politique ou de moyens mis en œuvre, ou bien des deux ?

Le bon côté de cette affaire concerne peut-être l’effet boule de neige qu’elle a enclenché avec la montée parallèle de contestations sociales, en particulier celles des conditions de travail. Un article du Monde paru le 11 juin 1975 décrivait l’atmosphère qui entourait le grondement social. “*Du Zola! [...] L’amiante à Amisol. Promenade irréelle dans une usine fantôme... Des locaux sans lumière et sans air où... il devait sûrement faire, quand on y travaillait, un bruit d’enfer et une*

---

16 *Ibid.*, p.106.

poussière à en cracher ses poumons[17]." Des collectifs se sont montés en même temps pour la "lutte de la reconnaissance des maladies professionnelles et la suppression des conditions de travail inhumaines et dégradantes[18]." Le début des travaux et autres formes de luttes en réseau s'annonce. Des collectifs émergent et s'allient aux syndicats ou supportent des organes d'État indépendants, dans ce même but, la lutte pour l'amélioration de la vie politique.

Finalement, face à de longs dossiers qui ne voient jamais la fin, c'est un nouvel acteur, le sida qui va contribuer à "réveiller l'administration centrale des années 1990 et à "contraindre" les gouvernements "à changer les modes d'action, de coordination et de communication" pour s'ouvrir vers ce qu'on appelle une logique de "*partenariat en réseau*" qui consiste en un système de prévention et de vigilance, nouveaux "thèmes majeurs[19]" du langage politique. Ce nouveau système va permettre de contrevenir à "l'invisibilité globale" et au flou qui caractérisaient les administrations et les bureaux régionaux et départementaux marqués par une absence de coordination critique à l'échelle nationale. Il va ainsi émerger de nouveaux "professionnels de l'animation publique[20]", les différents dossiers rejoindront plus efficacement les procédures nouvellement mises en place, de veille et d'analyse, et ne plus s'intéresser qu'au seul agenda politique.

B- Traitement médiatique particulier : l'accueil ambivalent du public

1-Confusion générale : que penser de ces informations ?

Encore récente l'organisation mondiale Greenpeace a été sollicitée en Normandie en 1995 quand *Le Monde* affichait en titre "*150000 tonnes de déchets radioactifs dans l'Atlantique.*

---

[17] *Ibid.*, p 111
[18] *Ibidem.*
[19] *Ibid.*, p.171.
[20] *Ibid.*, p.172.

Les marins-pêcheurs redoutent une pollution» [21] . Un "faux-scandale" reprenant des informations issues d'un rapport de l'OCDE publié en 1985, ressorti par l'AIEA en 1991 puis à nouveau transformé en dépêche par l'AFP. Comme l'expliquait le représentant de Greenpeace pour Cherbourg à un local, il s'agirait avant tout d'une manipulation politique, "[...] *on est en plein milieu de la campagne anti-française contre les essais nucléaires dans le Pacifique. Et là, la France, au même moment d'ailleurs, nous balance une affaire de Dioxine avec l'Italie dans le Sud de la France, et une affaire au Japon lancée par un canard dans lequel, là aussi, on trouve un correspondant français, qui nous sort la fosse dans laquelle les Japonais et les Russes ont balancé des fûts radioactifs*[22]*.*" S'attaquant donc à la fosse des Casquets dans la Manche, proche des îles britanniques, l'article affichait qu'une centaine de milliers de tonnes de déchets radioactifs avaient été déposées depuis 1945, dont une grande partie par la Grande-Bretagne. L'affaire fera peu de bruit. Après que le ministre de l'environnement ordonna à l'ISPN, organe officiel dépendant du CEA de "dresser un état des lieux de contamination de la fosse et de prévoir sa possible évolution[23]" aucune nouvelle information ne fut relayée dans la presse. Car le sujet n'intéresse plus autant les populations. Greenpeace, aussi connue pour son engagement politique officiel, incarne un domaine, le nucléaire, dont une branche idéologique écologiste s'est approprié le débat. Chaque information issue de l'association ou d'autres organismes politisés reçoit le même accueil, la méfiance des citoyens qui la lisent. Ne sachant pas si elle est justifiée et proportionnée ou si elle ne sert pas derrière d'autres intérêts. Au lieu de réunir les citoyens sur un sujet de vie publique (la santé, l'environnement, les énergies...), cet acteur a au contraire cristallisé le débat et la recherche en divisant la population en deux fronts, les pour et les contre. À partir de ce moment l'existence d'un débat constructif est à peu près détruite, laissant place à des alertes

[21]*Le Monde*, « 1500 tonnes de déchets radioactifs dans l'Atlantique, les marins pêcheurs redoutent une pollution », 20 octobre 1995.
[22]Didier Chateauraynaud, *op. cit.*, p.233.
[23]*Ibid.*, p.231.

parfois apocalyptiques ou de l'autre côté des rejets absolus même excessifs. "*La commission avoue cyniquement que l'important est de faire accepter le risque*[24]."Face à de telles réactions il est difficile d'envisager un changement concret des discours et des actions économiques et politiques. L'instrumentalisation d'un thème pour gagner des électeurs ou des partisans semble avoir plus de valeur alors qu'il faudrait justement dépolitiser les débats d'ordre public, surtout ceux touchant à la sécurité et à la santé.

La difficulté de recul qu'ont les citoyens devant une information vient non seulement de l'information elle-même. Pourquoi apparaît-elle maintenant, de cette manière ? Qu'implique-t-elle ? Mais également de son auteur. Qui a écrit cette information ? Où et comment l'a-t-il obtenue et sûrement le plus important, pourquoi choisit-il de la diffuser ? Autant de questionnements sensés qui modifient la réception et l'analyse des informations données.

Bien sûr, tous ne viennent pas questionner les renseignements offerts mais, pour beaucoup des sujets et thèmes repris par les médias et les milieux sociaux-politiques, ces types d'interrogations peuvent sauver les individus du simple détournement à la manipulation d'information. Et servent ainsi à éviter un emprisonnement d'idées importées par un ou des acteurs externes qui dénaturent le jugement personnel. L'exemple de Greenpeace est éloquent mais il s'applique à tous les organismes et outils d'information. Or, autant il peut être facile de détecter les intentions et les motifs de ces groupes ou associations politiques, culturelles, industrielles... Mais c'est un tout autre problème lorsque l'information provient d'une et une seule personne, un individu apparemment non encarté et dont l'inclination politique est nulle et inconnue. Voilà alors un des malaises que soulève la sortie des lanceurs d'alertes anonymes au public. Une information issue de nulle part et tenue par un individu inconnu dont nul ne peut, sauf après enquête, connaître le profil et les intentions. Un néant entre une *donnée à caractère objectif* qui voudra être *appréhendée de manière*

[24]*Ibid.*, p.243.

subjective[25] par ses receveurs, par les citoyens. D'où la très grande méfiance montrée par certains quant à l'émergence croissante des dits-lanceurs d'alerte dans les sociétés. Une méfiance naturelle qui s'explique encore par la fameuse *peur de l'inconnue,* la peur de l'étranger qui paralyse parfois ou provoque à l'opposé des comportements et réactions insensés, disproportionnés. Donner un statut entier, à part, à une catégorie d'individus difficilement identifiable et cernable a de quoi inquiéter.

Or, cela pourrait justement, et à bon escient, favoriser la démarche objective, trop souvent délaissée par le flux puissant des émotions, de l'appréhension quasi scientifique d'une information. Sa provenance et les raisons de sa sortie subite n'ont finalement plus grande importance si ce qu'elle dévoile agit de façon indépendante et autonome sur le cours des activités humaines. Certes, les informations lancées par Edward Snowden délattant l'espionnage et la collecte de donnée globale et illégale n'avait pas d'incidence directe sur la santé et la sécurité des populations ni sur celle des sociétés dont l'avenir en demeure inchangé sur le court et le moyen terme au moins, mais elles ne sont pas non plus des informations futiles puisqu'elles expliquent la manière dont les mondes du renseignement et de l'internet fonctionnent. Elles ne sont ni plus ni moins un droit des citoyens - qu'importe l'auteur et la légitimité de diffusion – qui ont la *liberté de se protéger et d'agir en connaissance de cause.* Un droit d'agir non aveuglément dans une société construite et maintenue par eux. Si le secret ou la dissimilation d'information peuvent être justifiés par la volonté de protéger l'individu ou de prévenir toutes réactions violentes, la divulgation est toute aussi justifiée par le besoin de l'individu de connaître, afin d'empêcher le développement de la peur et le déclenchement d'une crise probable (par l'adoption de comportements dangereux et violents) devant une inconnue. Les deux arguments sont vrais et

[25] Comportement naturel, souvent inconscient de l'individu qui ressent le besoin de s'approprier toutes choses et formes de sensibilités provenant du monde extérieur en analysant leur provenance et leurs conséquences.

peut-être le deuxième est-il plus juste alors[26]. La méfiance engendrée par le doute, doute qu'il est peu probable d'effacer complètement, la seule vérité accessible par l'individu demeure l'information seule, concrète et objective.

« Une démocratie a besoin d'informations. Quand on touche à l'information, on touche à la démocratie. En ce moment, nous sommes dans un biorythme assez bas en termes d'informations. »[27]

2-Confusion et acteurs : entre méfiance et légitimité ?

Deux types d'outils influents : politisation d'un sujet et lobby industriel

En plus des acteurs indépendants, laboratoires officiels (think tank, groupes de recherche...) et collectifs rassemblés en association mélangeant experts et profanes, deux autres moyens importants contribuent à influencer les autorités publiques.

Pour rappeler le cas de Greenpeace, c'est l'instrumentalisation politique d'un sujet apparemment apolitique et universel, le nucléaire civil (à distinguer ici du nucléaire militaire, domaine de politique officielle de la France). Une appropriation par un groupe politique ou idéologique d'un sujet qui déjoue ainsi le débat public pour l'orienter vers un combat partisan, le réduisant à un simple camp de pour et contre. Une logique d'affrontement brutale entre opposants qu'a priori, plus rien ne lie. Si la technique est bien sûr ancienne, sa visée porte une ampleur inégalée car elle aborde un sujet non plus local mais mondial. D'où l'aspect quelque peu dangereux car destructif d'un problème réel mais dont la résolution se trouve entérinée.

Dans un autre domaine, il y a le célèbre acteur EDF, à l'origine établissement public à caractère industriel et

---

[26]Car il maintient un ordre naturel horizontal et de libre-arbitre entre les citoyens où l'absence de décisions prises à leur insu prévient toute hiérarchie et rapport de force entre d'un côté les initiés et de l'autre les profanes.

[27]Interview de Denis Robert, « L'ère des lanceurs d'alerte (5/5) A l'assaut des capitaux sans frontières », France culture, 15 mars 2019.

commercial, devenu compagnie privée de services publics, actionnée en majeur partie par l'État, indépendante et profitant d'une situation de quasi-monopole national[28]. Son rôle de lobby auprès des institutions ayant une place non négligeable dans l'équation actuelle. La centrale nucléaire de Fessenheim en Alsace est l'exemple de la complexité des affaires politiques. Promise à la fermeture dès 2016 sous l'impulsion de Ségolène Royal puis 2017, c'est finalement un autre gouvernement, celui d'Emmanuel Macron qui rallonge le délai à l'été 2020. Ceci après qu'EDF ait négocié directement avec l'État des indemnisations qui se comptent en centaines de millions d'euros (un chiffre de 400 millions a été évoqué) plus un montant selon le coût de l'électricité et de la production énergétique attendu en 2020. Il faut rappeler qu'un des objectifs de la loi adoptée en juillet 2015 relative à la transition énergétique était de rapporter la part des énergies renouvelables à 32% de la production française alors que le nucléaire occupe au moins les trois-quarts de la production actuelle (soit 75% environ contre 50% souhaité fin 2020[29]). Or, "depuis la loi de 2006 sur la transparence et la sûreté nucléaire, le gouvernement n'a plus le pouvoir de fermer directement une centrale. Seules EDF, en tant que propriétaire, et l'Autorité de sûreté nucléaire, pour des raisons de sécurité, peuvent décider de l'arrêt de réacteurs. Et EDF a tout fait pour s'opposer à cette fermeture, en négociant pied à pied son indemnisation[30]." Le problème qui paralyse l'action des gouvernements provient en partie de la protection tacite que donne lieu son statut de société anonyme, empêchant l'État, même actionnaire à 84% d'agir en contradiction avec les intérêts du groupe. « *On a créé une espèce de monstre hybride, à la fois entreprise nationale et*

[28]Les quelques filiales de l'électricité en France ont été créées par EDF dont elles dépendent, qui leur a accordé des branches de marché pour éviter une apparente situation de monopole. Officiellement il s'agit donc d'un oligopole où le droit de veto appartient toujours à un même et seul acteur.

[29]Olivier Petitjean, « Comment le lobby nucléaire entrave toute transition énergétique », *Bastamag*, 26 janvier 2017.

[30]*Ibidem*.

firme privée, dénonce Yves Marignac[31]*. EDF joue sans cesse sur les deux tableaux.* » Cette situation est critiquable dans la gestion des contrôles et des risques sur la sûreté du nucléaire.

C- Premières grandes affaires : une problématisation difficile

1-Emergence de nouveaux paradigmes : l'exemple du nucléaire

C'était en effet l'une des promesses phares de François Hollande, la révision du programme énergétique de la France en vue d'une transition graduée et progressive vers les énergies renouvelables. En juillet 2015 une loi relative à la transition énergétique et à la croissance verte avait été adoptée dans ce sens. Certainement une belle annonce publicitaire en ce début de quinquennat pour rassurer et apaiser l'opinion publique. Révolutionner les transports, développer d'autres sources d'électricité, améliorer la gestion des déchets... Des idées ou des promesses qui reviennent sans cesse sur le débat politique mais qui restent des mots vains. Cette loi aux 4500 amendements, du jamais vu. Un nombre qui a permis à des députés et au gouvernement d'y cacher quelques paragraphes contraires au projet de loi annoncé officiellement. Par exemple un amendement favorable au chauffage électrique qui nécessite du nucléaire, et donc une augmentation des besoins en énergie électrique, ce qui ne correspond pas à la baisse initiale prévue[32].

Il est difficile de savoir exactement quoi penser des différents acteurs qui chacun jure de l'authenticité des informations révélées. Une confusion écrasante pour les populations prises au jeu des deux côtés.

---

[31]Directeur du service technique d'études et d'information sur l'énergie WISE-Paris, membre des Groupe permanent d'experts de l'Autorité de sûreté nucléaire ainsi que du Secrétaire Général du débat sur la transition énergétique de 2012.

[32]Olivier Petitjean, *Bastamag*.

Si la volonté politique est peut-être désormais présente, comme Nicolas Hulot ancien ministre de l'écologie semblait le montrer malgré sa subite démission de son poste au sein du gouvernement (dû à un sentiment d'impuissance et d'inefficacité), l'inertie politique pourrait bien provenir de ce *sentiment d'impuissance* généralisé et légitime quant à un futur changement. Le nucléaire n'est de loin pas le seul domaine à attirer les groupes d'intérêts et de pression, les mondes pharmaceutique ou agroalimentaire en font également partie. Or, en plus des lobbies, comme acteurs externes à l'État, il y a aussi les "experts" conseillers extérieurs de l'État qui jouent une place primordiale dans la carte politique de la France (comme dans les gouvernements étrangers). Ceux-ci ont une responsabilité importante dans la configuration actuelle des décisions à l'échelon national et local. Ayant redessiné le mode de prise de décision par un système parallèle systématique de veille, d'expertise et de conseil auprès des institutions sans ne jamais passer par la case concrète, locale du terrain que sont les populations et les activités économiques. Nouveau **système hors sol** et isolé du monde extérieur, ainsi que l'explique Jürgen Habermas dans sa critique de la division du monde entre profanes, experts et politiques, ce sont des acteurs sans vision globale mais spécialisés chacun dans un seul domaine qui légifèrent les avis à adopter selon des critères peu souvent en adéquation avec la réalité changeante et perméable du terrain (du facteur humain).

Ce sentiment d'impuissance donc, apparemment justifié, pourrait s'avérer plus puissant que les hommes politiques vertueux et plein de volonté mais pris au piège d'un engrenage plus imposant qu'eux. C'est le génie du système démocratique qui met en place un nombre d'acteurs et d'institutions quasi illimitable en les embrayant les uns aux autres pour les rendre dépendants, cela de manière à exercer un contrôle permanent sur ces mêmes institutions et acteurs dont la stabilité ne dépend donc plus des individus devenus totalement remplaçables. Les associations, les collectifs et toutes organisations qui se créent dans le but de renverser une *décision systémique* ne feront au mieux que déplacer le problème, en apparence résolu, ou égratigner un organe visible mais qui n'est pas le responsable originel. Les partisans d'une apocalypse pour une reconstruction totale du régime et des sociétés sont peut-être les plus clairvoyants quant à l'issue réelle du problème. Pourtant cette solution n'est pas non plus à espérer en premier recours. Si elle s'avère efficace dans l'idée, elle devra passer par une phase longue et violente de déconstruction puis par une autre de mise en place épurée, sachant que rien ne garantit la pureté des intentions et des responsables de ce futur édifice politico-sociétal.

L'inquiétude suscitée par les radiations nucléaires ou l'enfouissement des déchets, information rendue publique à partir des années 1950, est une source continue de crise latente. Si le dossier du nucléaire surgit par soubresauts sur la scène médiatique et politique c'est qu'il n'a de cesse, de susciter l'intérêt de collectifs et de groupes de personnes qui se sentent ou directement *menacées ou idéologiquement opposées à un choix politique* que la France a très tôt revendiqué. Une ligne de conduite que certains, non sans raison, dénoncent, inflexion des pouvoirs publics devant le puissant lobby nucléaire. Mais une inflexion qui concerne autant l'opinion publique rangée auprès de l'énergie électrique jugée la plus efficace pour le moment, la moins chère pour les consommateurs et la plus écologique, avancent certains.

2-Besoin d'adaptation : le travail en réseau

L'ACRO et la CRIRAD, deux associations antinucléaires créées au lendemain de l'accident de Tchernobyl en 1986, sont un bon exemple de ce qu'est un **travail en réseau**. Nées dans le contexte des scandales autour de l'enfouissement des déchets, elles ont pour but de lutter contre la désinformation et la non-information sur le sujet par les autorités.

L'association pour le contrôle de la radioactivité dans l'Ouest (ACRO), est une organisation qui opère surtout dans l'Ouest de la France (autour des centrales de la Hague, de Gravelines...) mais qui était également présente au Japon en 2017 lors de la catastrophe de Fukushima. Elle est reconnue comme autorité par l'ASN, un organe officiel indépendant qui agit pour le compte du ministère de l'écologie. Sa plus récente activité est l'annonce en 2019 d'une concentration élevée de tritium (particule radioactive rejetée par les centrales nucléaires) dans l'eau potable des foyers situés à proximité des centrales, le long de la Loire, de la Seine et de la Vienne. Les autorités ont de suite démenti l'alerte en indiquant que le "taux de qualité" de 100 becquerels par litre n'était pas atteint[33]. Pas de quoi donc, inquiéter les procédures de contrôle en place.

La Commission de recherche et d'information sur la radioactivité (CRIRAD) a pour objectif cette fois-ci la protection de l'environnement. Son champ d'action est aussi plus large puisqu'il vise toutes informations relatives au nucléaire et aux activités jugées dangereuses en France comme à l'étranger. Elle fait un véritable travail d'investigation et d'alerte permanent (veille et analyse) en publiant les résultats de leurs recherches ou des dossiers concernant les activités dans le monde entier. L'association organise des stages, des conférences et est présente à différents salons, toujours afin de sensibiliser le plus d'acteurs. L'atout important de cette association est qu'elle dispose de *ses propres experts*, la dispensant de se reposer sur les nombreux laboratoires de recherches indépendants qui ont tous émergé dans la même période (la fin des années 1990) et dont les informations, sur lesquelles reposent directement les agendas politiques, sont souvent fermées au public.

Ces deux formes de collectif, dont le nom légal est celui de *"personne morale"*, ont gagné (lors du scandale sur les déchets) le statut de lanceur d'alerte en jouant les intermédiaires entre les populations et les institutions étatiques (dont font partie des laboratoires indépendants[34]). Aujourd'hui, elles continuent leur travail de veille au profit direct des citoyens. Ces derniers sont ainsi tenus informés des récentes avancées sur le thème et des informations qui ne sont pas toutes relayées par les relais traditionnels. Elles ont toutes les caractéristiques du lanceur d'alerte mais en tant qu'entité morale et collective. Et c'est

---

[33]Du tritium dans l'eau potable ! Plus de 6 millions de français sont concernés, ACRO.

[34]Le GEIEC ou groupe d'experts intergouvernemental sur l'évolution du climat (IPCC) en est un exemple à l'échelle de l'ONU.

peut-être là la vraie évolution avec les anciens "dénonciateurs" ou "prophètes de malheur". Non seulement l'acceptation d'un rôle à part entière avec une nouvelle dénomination de "lanceur d'alerte", moins péjorative et plus cohérente avec la réalité. De plus, celle-ci ne dénomme plus un seul individu mais des groupes d'individus, des entités morales qui ont fleuri en grand nombre à la fin du 20ème siècle et dont la place occupe toujours plus la scène politique et également économique, culturelle, scientifique, médicale etc... C'est donc ce facteur qui est à relever. L'arrivée massive des technologies et des acteurs non institutionnalisés a véritablement transformé les manières d'envisager l'action et la vie politique. Il a donné une voix à laquelle les citoyens "profanes", individus isolés n'avaient plus accès. Elle permet la reprise des modes de *participation active* à la vie démocratique, là où les premières cités ne comportaient que quelques milliers de citoyens.

Ainsi la médiatisation des premiers cas d'alerte lancés par des citoyens, quelle que soit leur profession, ne pouvait se faire dans les plus grands calme et réflexion ni de façon complètement rationnelle puisqu'elle annonçait un bousculement auquel la majorité ne s'était pas préparée. Entre passion, acharnement et délires de changement immédiat, la presse et le reste des acteurs du jeu démocratique se sont emparés d'un pauvre cas superficiel, celui du lanceur d'alerte, visant comme toujours le flocon sur l'iceberg plutôt que la glace qui est en-dessous. Une montagne d'informations que personne ne semble disposé à secouer. C'est ainsi que commence une longue bataille entre la définition et la reconnaissance d'un nouvel acteur dans la cité, alors que celui-ci existait mais dans des contextes peut-être moins explosifs ou concentrés, et qu'une autre bataille, celle de la défaveur du lanceur d'alerte se mène elle-aussi dans l'espoir affolé que ce dernier disparaîtra pour de bon et laissera prospérer des dysfonctionnements toujours plus manifestes et une corruption toute aussi ostensible.

II-Les législations tâtonnantes, complexes, parfois contradictoires

Avec le développement récent des législations relatives à la protection des lanceurs d'alerte, il est de nouveau question de l'appropriation nationale des concepts de liberté d'expression et de diffusion de l'information. Une appropriation par les États qui tendrait à disparaître au profit d'une entente plus globale.

A- Une approche française aux prises avec les textes existants

1-Liberté d'expression à la française

Dans ses idéaux, le peuple français voue un culte presque religieux aux libertés et encore plus à la liberté d'expression. Un dévouement qui vaut bien toutes les révolutions. Pourtant c'est justement ici que l'idéal pèche. L'harmonisation des idéaux et des réalités avec le nécessaire pragmatisme qui en découle, a toujours suscité un point d'incompréhension entre les deux constats. Ceci induisant une mauvaise appréciation des enjeux et des moyens à mettre en place pour combler ces différences. Un pragmatisme français trop imbibé encore des échos révolutionnaires qui croient fermement en la possibilité de l'harmonie d'un système gouverné par une masse d'individus et de facteurs externes à l'État. Quand bien même les régimes se sont succédé et ont tous montré les faiblesses de l'être humain dans le contrôle et la régulation face au pouvoir.

Un rapport abusé par les injonctions de la réalité du nombre et celle de la démocratie.

La République puis tous les régimes qui se sont suivis en France à partir de la déclaration des droits de l'homme et du citoyen ont tous ce point en commun. Ils abordent tout système en prenant pour postulat de base le citoyen alors qu'ils ont négligé celui de l'homme. Ce simple changement de vocabulaire dans les bouches des individus qui ont bâti les édifices démocratiques, la Constitution, les lois, les institutions et les principes républicains, a joué une subversion fatale dans les esprits en négligeant le côté humain pour ne considérer que l'individu seul en tant que volonté autonome et indépendante. Or, c'est la faillibilité de l'homme, sa nature même qui a été ainsi oubliée dans l'expérience démocratique. Toutes les facettes qui ont rendu poreux les modèles de gouvernance antérieurs, mais qui étaient prises en compte et ont permis de les faire durer, ont été balayées par les révolutions. C'est l'héritage même des Lumières qui a accordé une foi supérieure dans les capacités de l'être humain et de sa régularité supposée. Une foi en sa constance dans l'action et dans l'esprit. Constance qui serait possible sans les passions si chères aux hommes.

C'est une des raisons pour lesquelles Alexis de Tocqueville s'est autant émerveillé devant la société américaine. Une société moderne à qui cette récente lucidité a permis l'exploit du renouvellement en un acteur pionnier dans la réalisation démocratique et ses évolutions naturelles. Un peuple qui a fui les révolutions du vieux continent et, en examinant les événements qui l'ont conduit à cette nouvelle terre, a décidé de reforger un système d'égalité et de chances pour le peuple tout en gardant à l'esprit les impératifs d'autorité et de puissance. Une distinction des tâches (et des pouvoirs), fondement de la hiérarchie et de l'ordre qui sont les deux constances de la pérennisation d'un système, et qui fera désormais partie intégrante du nouveau régime démocratique américain. Cette distinction a en pratique permis l'établissement d'un système où le citoyen peut effectivement jouir de libertés multiples et variées. Des libertés qui ont été données aux citoyens receveurs en subterfuge tandis que les destinataires obtenaient la mainmise de l'autorité et du pouvoir. Le pouvoir des citoyens ne résidant que dans le principe des urnes entre une voie A, B ou C, toutes trois accrochées au pouvoir et affichant leur différence dans l'interprétation de la place à accorder aux citoyens dans la société civile et politique. Une différence légère qui donne l'illusion du choix et donc de l'entière liberté aux mains d'individus enfermés dans un nouveau système plus ouvert certes mais aussi plus despotique comme l'avait pressenti Tocqueville. Car ce système repose sur la dissimulation d'intentions et de valeurs. Une dissimulation ancrée jusque dans le droit où l'*interprétation américaine des lois* est celle de la *possibilité* ; non celle de la limite comme interprétée en France et dans les législations européennes.

La liberté d'expression en France cause bien des remous dans les esprits des hommes et des législateurs. Sa compréhension varie entre les désirs de réalisation pleinement démocratique et les réalités de la sécurité et du contrôle qui prennent tous deux une place prépondérante dans le jeu de la gouvernance. Une tendance qui pourrait s'effacer devant le modèle de pragmatisme américain. Heureusement pour l'Hexagone, l'histoire a montré que l'inclination quelque peu utopiste qui le caractérise est aussi ce qui fait la spécificité de cette nation. Une spécificité qui la préserve de l'homogénéisation forcée mais qui par la même occasion perpétue des situations en contradiction avec ses idéaux, comme il en est avec son principe de liberté d'expression et de communication, toujours plus en proie au réformisme législatif et à la volonté de contrôle et de clairvoyance sur un système qui menace de s'effondrer à tout moment. La récente loi contre les fausses nouvelles est un exemple évident de la voie anti-démocratique (ou despotique) vers laquelle le pays semble s'être destiné. Une voie du renforcement des exercices normatifs contre ceux de la liberté et de l'harmonisation.

Dans cette problématique qui est celle de la France, le lanceur d'alerte est donc un rappel incessant de ces contradictions. Si l'élan social était celui qui donne la liberté d'informer et de diffuser l'information aux autres citoyens, le réflexe politique serait celui qui entend cadenasser cette même liberté pour plus de contrôle et de sécurité sur les évolutions dans le paysage social et politique national. Une contradiction qui s'illustre parfaitement dans le nouveau cadre de lois, toutes plus développées et ingénieuses mais qui demeurent liées aux intentions des législateurs et aux contextes dans lesquels sont lancées les alertes. D'où la possible vague de cas de jurisprudences qui pourrait déferler dans les prochaines années comme il est déjà courant aux États-Unis.

2-Les premiers textes de loi

Suivant l'exemple des États-Unis, la France, ainsi que des dizaines de pays dans le monde, a adopté une législation en vue de favoriser la transparence au sein des différents corps administratifs d'Etat. En 1978 est donc créée la commission d'accès aux documents administratifs (CADA), organe indépendant autorisant l'accès au public d'informations et d'avis des administrations. Elle intervient souvent dans les cas de refus d'administration de communiquer auprès de particuliers. En pratique un mois d'attente est nécessaire entre la demande d'accès à un document administratif ou à une information publique et la saisie de la CADA. L'autorité décide seule du "caractère communicable ou non[35]" du document réclamé. Toutefois il existe quelques exceptions à la divulgation des documents. Les dossiers relevant du secret des affaires, les dossiers scellés pour des périodes allant de vingt-cinq à cent ans, les dossiers comprenant l'identité de personnes publiques (les fonctionnaires, bien que ces détails peuvent aussi être effacés lors de la remise de la copie) ou encore les demandes faites par simple "curiosité". En effet une justification légale doit être donnée avant la transmission des copies. La CADA est très souvent sollicitée dans toute la France pour des affaires variées, un suicide dans un hôpital, un médicament reconnu dangereux, etc. Si le demandeur n'obtient pas la réponse attendue, il peut finalement avoir recours au Tribunal administratif de sa préfecture.

Depuis 2015 l'organe est rattaché au Code des relations entre le public et l'administration (CRPA). Outre la nécessité d'une justification valable pour la publication de ces informations, une autre limite vient de la composition de l'organe. Constitué d'une dizaine de membres dont un commissaire du gouvernement et un secrétariat général (agents choisis par le premier ministre), un député et un sénateur, en plus d'élus, son indépendance peut légitimement être remise en question.

---

[35]Le rôle de la Cada, voir www.cada.fr

Plus tard, en 2013, en remplacement de la commission pour la transparence financière de la vie politique est créée la Haute Autorité pour la transparence de la vie publique (HATVP). Une autorité administrative elle aussi indépendante dont le rôle est le contrôle du patrimoine et autres formes de revenus des personnalités politiques publiques. Elle travaille conjointement avec l'administration fiscale (le Fisc). Cette mise à jour survient dans un contexte où les scandales pour corruption et détournements de biens et d'argent ou abus de biens sociaux touchent pour beaucoup des représentants d'État (Jérôme Cahuzac, François Fillon...). Un contexte de crise de l'autorité et de la représentation donc dans lequel les initiatives à la transparence se font de plus en plus pressantes. Non seulement dans les affaires politiques mais aussi dans les secteurs de la finance et du commerce.

La première loi regardant la *transparence dans les affaires politiques* est née après un scandale politico-financier dans les années 1980, dit l'affaire Luchaire[36] et concernait la mise en place d'un financement public des partis. Un des buts étant de prévenir les conflits d'intérêts. Un manquement aux déclarations de patrimoine expose à une peine de trois ans de prison et 45000 euros d'amende. Deux autres lois vont combler les lacunes de la première. Une votée en 1995 qui "élargit le nombre d'élus soumis à la publication de leur patrimoine.[37]"Puis en 2014, un an après l'affaire Cahuzac, une loi qui vise également les conflits d'intérêts et permet l'accès au public des informations sur un site internet[38]. Pourtant ces lois ne suffisent pas. Au fil des années les scandales politico-financiers et les affaires de corruptions continuent d'effleurer les gouvernements et leurs représentants. Les annonces de réprimandes et les réquisitoires se multiplient, apaisent un peu les foules de citoyens puis d'autres cas sont mis

[36]La France avait livré des obus à l'Iran alors en guerre contre l'Irak, en falsifiant des certificats de vente d'armes, le nom des pays contractants avait été modifié. L'affaire sera révélée dans un journal La Presse de la Manche en 1987.

[37]Thomas Snégriroff, Franceinfo.

[38] Il s'agit du site de la Haute autorité pour la transparence de la vie publique, hatvp.fr/consulter-les-déclarations/.

à jour. Un cycle qui démontre une nouvelle fois le peu d'implication des élus nationaux dans la mise en application des décrets supposés favoriser la confiance et le fonctionnement des institutions. Les sujets suscitant l'opprobre ayant s'étant diversifié ces dernières années. Un des thèmes réguliers est celui de la place des acteurs non institutionnels au sein des décisions politiques.

En effet, l'assainissement de la vie politique passe par d'autres moyens, notamment par la lutte contre la corruption. Le principe de dénonciation des abus et des dysfonctionnements au sein des administrations publiques a alors d'abord été pensé de façon sectorielle avec un statut de protection des fonctionnaires.

La loi du *13 novembre 2007 relative à la lutte contre la corruption* a créé au sein du Code du travail un article L.1161-1 prévoyant un régime de protection contre toute poursuite en représailles à l'égard de celui qui aurait "relaté ou témoigné, de bonne foi, soit à son employeur, soit aux autorités judiciaires ou administratives, des faits de corruption dont il aurait eu connaissance dans l'exercice de ses fonctions." Un statut de lanceur d'alerte avant l'heure, cet usage a longtemps existé dans les textes de loi. Les mises à jour du présent article ainsi que la nouvelle loi Sapin démontrent cependant des lacunes dans son application. Manque de volonté des agents publics et certainement un manque de précisions dans les textes qui permet d'établir des non-lieux sans toucher aux problèmes dénoncés. La loi du *11 octobre 2013 relative à la transparence de la vie publique* s'inscrit dans une même démarche. Puis celle du *6 décembre 2013 relative à la lutte contre la fraude fiscale et la grande délinquance économique et financière*. Une avancée est à noter avec la loi du 16 avril 2013. L'article 1er érige un "droit d'alerte au bénéfice de toute personne physiquement ou moralement public ou diffusant, de bonne foi, une information concernant un fait, une donnée ou une action, lui apparaissant comme faisant peser un risque grave sur la santé publique ou sur l'environnement."[39]. La loi prévoyait

[39]Loi n°2013-316 du 16 avril 2013 relative à l'indépendance de l'expertise en matière de santé et d'environnement et à la protection des lanceurs d'alerte.

donc un élargissement des acteurs pouvant bénéficier d'un statut et d'une protection par les autorités. Cet article sera néanmoins abrogé trois ans plus tard par l'article 15 de la loi du 9 décembre 2016, dite la loi Sapin.

Enfin, toujours dans cet esprit a été ouvert le *1er juillet 2017, un répertoire des représentants d'intérêts* censé pouvoir encadrer les lobbies. Répertoire qui a été préconçu par la loi Sapin II. Chaque responsable de groupe d'intérêts devant désormais "donner des informations sur leur organisation, leurs actions de lobbying et les moyens qui y sont consacrés[40]". Ce nouvel outil a pour objectif de montrer la place et l'impact de la *"représentation d'intérêts sur le processus normatif[41]."* Une question est d'ailleurs posée à ce sujet, les représentants devant expliquer le "type de décisions publiques visé[42]" par leurs actions, que ce soit un projet de loi ou la signature d'un contrat. Enfin, dernier point intéressant de ce texte, l'obligation de faire part de la catégorie des "responsables publics" interpellée par le groupe d'intérêt. Ceci permettant de faire remonter les informations jusqu'à la source, un gage de traçabilité. L'absence de coopération des lobbies peut mener à une sanction pénale d'un an et à une amende de 15000 euros. Cette loi fait suite à celle de 2016 relative à la transparence, à la lutte contre la corruption et à la modernisation de la vie économique.

Sur le papier, des lois visant la protection des informations et de leurs auteurs existaient donc déjà avant la loi Sapin II. Le problème de leur application ne vient pas directement de l'absence de droit mais de l'hypocrisie du droit qui a été créé dans le seul but de répondre aux impératifs démocratiques de la légalité et de la sécurité auxquels les États dits démocratiques, les souverains (dans le cas présent les gouvernements) ont promis de répondre lors de la signature du contrat social avec les citoyens qui les ont élevés. Des textes qui existent mais dont

---

[40]Le répertoire des représentants d'intérêts, Haute autorité pour la transparence de la vie publique.
https://www.hatvp.fr/la-haute-autorite/lencadrement-du-lobbying/definition-stricte-2/

[41]*Ibidem.*

[42]*Ibidem.*

les ambiguïtés et les restrictions rendent presque impossible une application systématique et élargie à toutes les catégories de citoyens. Finalement des lois qui tentent à pérenniser des situations à la limite des règles et des valeurs démocratiques. Des situations qui demeurent grâce à des acteurs de tous bords et des agents qui maintiennent volontairement une opacité sur leurs actions. Un travail de compromission réalisé ou non en pleine conscience mais qui fait défaut aux régimes de démocratie où la *bonne foi et la volonté des citoyens* sont les principaux leviers du régime. Sans ces deux qualités l'effondrement n'est plus très loin.

3-Quelle place pour un acteur non institutionnel en France ?

En Europe et tout particulièrement en France où le concept d'anarchie continue à faire peur, du fait de la prégnance des révolutions souvent violentes, faites par le sang (le massacre de la Saint Barthélémy, la révolution française, celle de Vendée...), un acteur non représentant officiel, c'est-à-dire non institutionnel n'a jamais eu (ou que rarement) de place prépondérante parmi les sociétés. Aujourd'hui ce fait s'avère une tradition ancrée et honorée même par ceux qui viennent prôner la décentralisation des États (les européistes...). La liberté, source de bien des fantasmes, est un concept qui force l'admiration des individus. Mais elle est aussi un concept qui effraie quand il est accaparé entre les mains d'une seule personne, sans les limites fournies par la loi (le Parlement, les partis). Et cette peur maintient la réticence des lois à donner une telle liberté à un acteur (plus ou moins) indépendant, (plus ou moins) incontrôlable donc. Partagées entre l'admiration et la peur, les lois écrites retranscrivent parfaitement cette ambiguïté, un mélange de sentiments confus et contradictoires qui freine le développement du statut des lanceurs d'alerte.

Ainsi deux facteurs importants sont à considérer dans l'interprétation de la place d'acteurs non institutionnels dans le paysage démocratique. D'abord le facteur systémique, celui-là même de la démocratie moderne alors abordée comme un régime achevé et autonome. Puis vient le facteur historique, celui du contexte dans lequel les débats à propos de tels acteurs ont eu lieu, un contexte de défaveur car un contexte de doute de l'information.

Dans *Civil Disobedience*[43], Christian Bay cite ainsi Camus : "la nécessité de s'opposer à l'injustice afin de préserver son bien-être et sa santé mentale". Voici donc le leitmotiv des lanceurs d'alerte. Une incapacité morale à se taire, à participer à l'ignorance d'un fait jugé mauvais (contre-productif, dangereux) ou immoral. C'est l'atteinte de la limite à tous mensonges et manipulations politico-financières ou d'autres natures. Une limite naturelle qui s'impose aux individus et ceux n'étant plus capables de supporter cette incohérence entre les faits et les idées, entre ce qui est pratiqué et les perceptions de certaines valeurs tels la justice, le bien commun ou la morale. C'est donc une conscience qui ne supporte plus cette aliénation engendrée et accumulée à force du déni de l'ordre naturel et de ses conséquences pour l'environnement et l'être humain. Dans une telle optique le lanceur d'alerte devrait se voir réattribuer une once de légitimité.

Ce qui fait dire aussi que ces personnes aujourd'hui reconnues sous l'attribut de lanceur d'alerte ou de *whistleblower* ont bel et bien toujours existé, cependant leur rôle était-il peut-être plus considéré [incarnaient-il déjà la figure du héros, le chevalier qui vient au secours de la population de manière désintéressée et en appel au bien commun ?] ou aussi bien détesté par ceux qu'ils embarrassaient.

Aujourd'hui un des enjeux de l'acceptation du lanceur d'alerte vient du système démocratique. Celui-ci étant pensé comme le meilleur des systèmes, est considéré comme l'accomplissement, le summum de siècles d'histoire, de guerres et de régimes despotiques et tyranniques forcément tous plus mauvais. Or, pensé comme un système autonome, c'est-à-dire qui se suffirait lui-même et disposerait des mécanismes nécessaires prévus à son bon fonctionnement, il ne requerrait plus la participation des citoyens, ainsi perdus dans l'arène démocratique. Ayant trop accordé d'importance aux termes de

---

[43]*Civil Disobedience, The International Encyclopedia of the Social Sciences,* II, 586.

rôle, de “représentants” et de “représentation directe”, les individus ont cru possible et normal de transférer une grande partie de leurs prérogatives décisionnelles et législatives de la vie publique aux mains de représentants “démocratiquement élus”. Des personnes à qui ils ont choisi de faire confiance alors qu’ils n’accorderaient jamais une telle confiance à un voisin ou à une quelconque connaissance pour garder leur tirelire. Ce manque cruel de logique se lie ainsi à la subversion assez réussie des acteurs et institutions bien placées à qui une telle démarche est tout à leur avantage.

De ce premier point, l’instauration d’un acteur indépendant, non représentant, n’est pas envisageable.

Enfin le discours du ministre de l’Europe et des Affaires étrangères est une base essentielle pour comprendre la politique et les motivations du gouvernement français dans l’élaboration de nouvelles lois pour l’encadrement et le contrôle de l’information. Il y évoque les tentatives de propagande numérique auxquelles sont confrontées toutes les démocraties d’aujourd’hui et dont les exactions lors de l’annexion de la Crimée seraient le signal d’alerte. Le point le plus troublant constituerait selon lui les trafics et manœuvres de manipulation avec la diffusion d’informations fausses lors des campagnes électorales. Période qui aura plus tard un article réservé dans la nouvelle loi contre les *fausses nouvelles,* renommée *loi relative à la lutte contre la manipulation de l’information* étudiée par le Sénat puis promulguée par l’Assemblée le 22 décembre 2018.

Ainsi, deux ans après la validation de la loi Sapin 2 ont été votées la *loi ordinaire n°2018-1202du samedi 22 décembre 2018 et la loi organique n°2018-1201*, relatives à la *lutte contre la manipulation de l’information*. Dans ces articles, la loi de 1986 relative à la liberté de communication va être modifiée. L’anonymat sur internet est également remis en question, avec comme explication d’être la cause de l’explosion des “fausses nouvelles”. Ceci induit une possible remise en cause de l’anonymat pour les sources journalistiques, ce qui représenterait une entrave profonde à la liberté d’expression et de communication. Cela induit aussi une impossibilité de la loi à protéger l’identité des citoyens révélant des informations sensibles. Une “confidentialité” de l’identité du lanceur d’alerte gravement mise en danger.

Voici donc le contexte dans lequel les débats et la recherche d’une législation du statut des lanceurs d’alerte se sont ouverts. Une atmosphère de méfiance généralisée envers toutes formes d’autorité d’abord, qui devrait justement favoriser la reconnaissance et la place de ces acteurs indépendants et autonomes dans la sphère publique. Et d’un autre côté, une atmosphère tout aussi récalcitrante à l’idée du développement des moyens de communication, d’expression, et de diffusion de toutes informations que le monde numérique en pleine expansion peut maintenant offrir à n’importe quel individu, partout et sans préoccupation des frontières et des règlements intérieurs.

B- La loi Sapin II : une première législation sur les lanceurs d’alerte

1-Dix articles consacrés aux lanceurs d’alerte

La *loi Sapin 2* aussi loi sur la *transparence, la lutte contre la corruption et la modernisation de la vie économique* est un texte voté le 8 décembre 2016 par le Conseil constitutionnel français, après avoir été approuvé par le Parlement un mois auparavant. C’est cette loi désormais qui fait foi devant toute affaire d’alerte et de droits et devoirs à la diffusion. Pensée dans le cadre global, se voulant un modèle à suivre au niveau européen puis à l’international, la loi annonçait mettre fin aux histoires de corruption, voulant donner l’image d’une France moderne et accueillante partout dans le monde.

Avec 169 articles, le texte est axé autour de trois points bien distingués, que sont la transparence, la lutte contre la corruption et la modernisation de la vie économique. Des objectifs clairs et attirants qui semblent démontrer la volonté du gouvernement français à s’adapter aux enjeux nouveaux de la société démocratique. La loi n°2016-1691 ne concerne pas seulement le statut du lanceur d’alerte. Elle comporte plusieurs titres qui ont trait au “renforcement de la régulation financière”, aux “droits des consommateurs en matière financière”, au financement des entreprises et surtout agricoles et à la croissance des entreprises en général. L’ancien ministre de l’Économie et des Finances, Michel Sapin, dont la loi porte le nom, parait avoir pris note des revers d’un monde plongé dans l’opacité administrative, financière, économique, sociale et politique qui nuit plus qu’elle ne protège les intérêts de l’État. « La transparence est une conquête jamais achevée. Elle est nécessaire à notre démocratie et à notre économie car l’opacité est la mère de tous les soupçons, de toutes les défiances, de toutes les démagogies, de toutes les dérives. »[44]

Le statut des lanceurs d’alerte lui est explicité en dix articles dans le chapitre 2, titre I de la loi. L’article 6, peut-être le plus important, donne une définition non exhaustive :

“Un lanceur d'alerte est une personne physique qui révèle ou signale, de manière désintéressée et de bonne foi, un crime ou un délit, une violation grave et manifeste d'un engagement international régulièrement ratifié ou approuvé par la France, d'un acte unilatéral d'une organisation internationale pris sur le fondement d'un tel engagement, de la loi ou du règlement, ou une menace ou un préjudice graves pour l'intérêt général, dont elle a eu personnellement connaissance. Les faits, informations ou documents, quel que soit leur forme ou leur support, couverts par le secret de la défense nationale, le secret médical ou le secret des relations entre un avocat et son client sont exclus du régime de l'alerte défini par le présent chapitre.”[45]

Les articles détaillent ensuite les conditions de recevabilité d’une alerte, d’une part par un processus strict à suivre en plusieurs étapes, détaillées dans l’article 8, et de la possibilité de s’orienter vers le Défenseur des droits. Procédures qui doivent préserver une certaine “confidentialité de l’identité”[46] de l’auteur de l’alerte (article 9). Le lanceur d’alerte se trouve

[44]Michel Sapin, le 30 mars 2016 à Bercy.

[45]Loi du 9 décembre 2016, Legifrance.gouv.fr

[46]Il est important de noter ici que la loi parle de “confidentialité” et non d’anonymat qui ne peut être strictement respecté lors des différentes procédures

alors protégé de toutes formes de discrimination à l'emploi comme inscrit à l'article 10 qui vient modifier l'article L.1132-3-3 du code du travail. La *charge de la preuve* de l'article 1353 du code civil est dans le cadre d'une alerte *inversée*. C'est de défenseur qui doit désormais avancer les preuves que la ou les discriminations dont est sujet le lanceur d'alerte n'ont pas de lien avec son action. Les fonctionnaires jouissent toutefois d'une attention particulière. Le texte renvoie à l'article 6 ter A de la loi n°83-634 du 13 juillet 1983 qui protège les agents publics dont il est le droit et le devoir de rapporter un fait. Toujours en vue de la protection, l'article 12 donne la possibilité de saisir les prud'hommes en cas de rupture de contrat. Enfin, l'article 13 informe de deux sanctions existantes à l'encontre de toute personne essayant de faire obstacle au processus de l'alerte. L'une allant d'un an d'emprisonnement et 15000 euros d'amende. L'autre plus élevée, 30000 euros d'amende en cas de diffamation contre un lanceur d'alerte.

Présent dans le projet de loi, l'article 14 a finalement été supprimé. Il établissait la création d'une autorité indépendante d'aide aux lanceurs d'alerte. Aide qui se limite finalement à de simples conseils et orientations juridiques pour l'auteur de l'alerte mais aucun support financier n'est prévu. Dans l'avant-dernier article, le 15, qui est inséré à l'article L.4122-4 du code de la défense, les militaires sont dispensés de sanctions relevant d'alerte qui respecte les articles 6, 7 et 8 de la présente loi. Il abroge également des articles du code de la santé publique et du travail. Finalement, l'article 16, le plus dense de ce chapitre est consacré aux autorités des marchés financiers et de contrôle prudentiel et de résolution. Il met en place un contrôle des manquements "aux obligations définies par les règlements européens" et par cette loi ainsi que des procédures de recueil d'alerte internes auprès de ces autorités.

Le texte parait remplir ses impératifs de protection. Il "exonère la responsabilité pénale de divulgation de certains secrets protégés par la loi, si trois conditions" sont rassemblées : correspondre à la définition de l'article six, respecter les procédures de signalement détaillées par la présente loi et être "proportionnée et nécessaire à la sauvegarde des intérêts en cause[47]".En pratique la loi a aussi permis la création de l'entité anti-corruption, l'Agence française anticorruption citée ci-dessus et annoncée dans une lettre n°301 de Michel Sapin et Jean-Jacques Urvoas, alors garde des Sceaux et ministre de la Justice, publiée le 15 mars 2017.

2-Avancées et dangers de la législation existante

Cette loi a suscité des accueils divergents. Si beaucoup reconnaissent une avancée non négligeable dans l'encadrement et la protection des lanceurs d'alerte, d'autres regrettent les fléchissements par rapport au projet initial.

Une avancée substantielle est la création d'un statut global et non plus sectoriel qui concerne la plupart des salariés, en plus d'une procédure établie qui oriente l'action du lanceur d'alerte, un peu moins livré à lui-même. Une reconnaissance qui a le mérite d'instituer une activité d'ores et déjà existante mais jusqu'ici marginalisée faute d'intérêt politique. Car c'est ici l'enjeu réel du texte. Une loi avant tout politique qui s'inscrit dans un contexte de tentatives de regain de légitimité démocratique des gouvernements occidentaux. Et non une loi pleinement juridique et sociale qui voudrait consciencieusement donner des droits à des acteurs démocratiques. L'exemple qui illustre cette réalité est la suppression de la "personne morale" qui était inscrite dans les lois de 2013 pour ne reconnaitre que la "personne physique". Une suppression difficilement compréhensible, la personne morale (sous la forme d'un collectif ou d'une association) rendant l'alerte justement plus convaincante du fait de la défense collective d'une information, et non seulement individuelle. En effet, si chacun est un lanceur d'alerte potentiel, il est un potentiel vaste, invisible donc et difficilement contrôlable. Il est plus facile pour n'importe quel acteur de négocier et décourager un individu seul, par des moyens tels que la pression financière, physique, psychologique ou morale, qu'avec un groupe d'individus rassemblés et plus ou moins protégés derrière l'entité qui la représente. Cette raison éclaircit un peu plus les intentions qui ont fait naître les articles

[47]Légifrance, *ibid*, article 7.

de la loi. Des nuances qui encadrent plus qu'elles ne protègent les lanceurs d'alerte.

La question autour de la notion "d'acte désintéressé"

"La preuve de leur volonté[48]", dont parle Arendt peut faire aujourd'hui référence à la nouvelle loi Sapin II et à la notion "d'intention juste " et "désintéressée" dont doit faire preuve tout individu afin que lui soit accordé le statut de lanceur d'alerte. Une qualité que le système légal se donne autorité à juger de même que pour l'aspect du "sacrifice personnel[49]" qui les rangerait dangereusement vers la loi du "bouc-émissaire" et du "désir mimétique" de René Girard. Un lanceur d'alerte qui doit être prêt à se sacrifier pour prouver son intention juste et sa volonté de servir le bien commun ou l'intérêt général, donc un acte totalement désintéressé et de bonne foi. Ainsi la société se dirait prête à demander un quelconque sacrifice afin d'expier le mal qui la ronge. Or, ces formes de sacrifices s'avèrent très souvent inefficaces et seulement temporaires.

Difficulté donc à croire à une volonté autre qu'égoïste ou intéressée (se donner une nouvelle image sociale, un rôle dans la société, perturber la vie publique...) d'un individu isolé ; l'homme serait plus prompt à croire un collectif de citoyens qui se réunirait pour défendre un objectif commun. Objectif forcément plus louable et auquel l'individu peut mieux répondre qu'à celui d'une personne seule qui ne représenterait pas les intérêts de la société. *L'accord au sein du groupe rend l'alerte plus convaincante.* Pourquoi alors évincer les personnes morales de la nouvelle loi ? Les acteurs collectifs et moraux, comme les associations, sont les plus actifs dans la production et la diffusion d'alertes en France[50].

Enfin deux dernières critiques peuvent être émises à l'égard de la loi française. D'abord le suivi des procédures qui

---

[48]Hannah Arendt, *Du mensonge à la violence*, Agora Pocket, Paris,2002, p.56.
[49]*Ibidem*, notion développée par Hannah Arendt.
[50]Ces acteurs défendent souvent les intérêts de minorités en travaillant par un système de recherches en interne. Les associations de malades qui coopèrent avec les experts et les médecins par exemple.

doivent être respectées par le lanceur d'alerte afin d'être légalement reconnu. Des procédures lourdes qui peuvent facilement décourager l'auteur ou entériner l'alerte dans les dispositifs. En Europe, la Suède bénéficie d'une protection plus avancée pour les lanceurs d'alerte. Ces derniers peuvent directement recourir aux canaux externes et publics sans conditions particulières. Un droit qui est inscrit dans la Constitution depuis deux siècles (suite à une loi de 1776). Puis il y a les multiples autorités indépendantes. L'agence française anticorruption (AFA), le Défenseur des droits, la Haute Autorité pour la transparence de la vie publique (HATVP) ou l'autorité des marchés financiers (AMF) qui ont été créés pour aider à l'application des lois. Une habitude de la France du "recours quasi systématique aux autorités administratives indépendantes (AAI) pour répondre à une carence de l'Etat de droit, de la concurrence, de la santé publique, [qui] a constitué un obstacle à l'apparition d'un régime de lanceur d'alerte[51]. "Et c'est cette habitude qui est montrée du doigt ces dernières années par des groupes de citoyens fatigués par la dislocation du système participatif. Écartés des sphères de décision et de concertation par ces mêmes organes indépendants sans aucun droit de vue sur leurs travaux.

3-Application de la loi : particularité française

Une nouvelle peu réjouissante pour les quelques Français, Antoine Deltour, Stéphanie Gibaud ou Jérôme Kerviel. La loi votée en 2016 n'est pas rétroactive, les lanceurs d'alerte français ne peuvent donc pas recourir au texte pour demander protection ou dédommagement de faits dont ils ont été victimes. L'ancienne cadre d'UBS Stéphanie Gibaud qui avait aidé l'Etat français en collaborant avec le service des douanes[52] n'a pas pu retrouver de travail et vit désormais des allocations chômages. Une situation précaire dans laquelle elle est depuis son

[51]Mathieu Disant, Delphine Pollet-Panoussis, *Les lanceurs d'alerte. Quelles protections juridiques ? Quelles limites ?* LGDJ, L'extension éd., 2017, p.8.
[52]Elle lui a permis de récupérer des milliards d'euros de plus de 30 000 comptes offshores.

licenciement en 2012. Depuis s'enchainent en même temps les procès en France et les conférences sur la fraude fiscale ou les systèmes de prévention sous la demande d'institutions formelles. Ella a notamment été invitée par le Parlement européen de Bruxelles et par l'ambassade d'Argentine en 2015. Pourtant elle n'est officiellement pas reconnue comme lanceuse d'alerte.

Plusieurs points donnent à cette toute nouvelle loi française son caractère particulier. Des faits qui se heurtent à la volonté déclarée de protéger les lanceurs d'alerte tant ils émettent de réserves sur la liberté d'information et de communication, piliers du régime démocratique.

Lanceur d'alerte : comme objecteur de conscience

La conscience est "apolitique", elle "ne tremble que pour l'individu et sa propre intégrité.[53]"Si le rôle de lanceur d'alerte était celui d'objecteur de conscience, alors comment un juge ou une institution pourrait se risquer à décider de la motivation de la personne ou décider de la légitimité d'un acte tout à fait subjectif ? Il est périlleux de se prononcer sur de telles considérations mais encore plus d'exiger une preuve telle que le sacrifice de sa personne (de sa carrière et de sa vie sociale) dans le seul but de convaincre du sérieux "de celui qui désobéit par fidélité à une loi[54]". D'autant que les objecteurs de conscience ont toujours existé et posaient déjà des problèmes similaires en termes d'application et de désobéissance à la loi. Un exemple qui vient le plus facilement est celui du refus, pour raison de conscience personnelle, à l'engagement au service militaire aboli en 1996 par le président Jacques Chirac. Refus qui n'était pas sans poser des problèmes de cohésion au sein de la société.

Les cas de dérogation à la loi avaient d'abord été acceptés pour les confessions religieuses reconnues (le secret professionnel pour les prêtres catholiques rentre dans le cadre de la loi française, bien qu'il soit aujourd'hui remis en cause[55])

---

[53]Hannah Arendt, *Op cit*, p.62

[54]*Ibidem*, p.69

[55]Débat par les Sénats en France et aux Etats-Unis (projet de loi 360 du Sénat californien) en mai 2019. Le projet en France n'a finalement pas été poursuivi

avant d'apparaître de façon plus spontanée et marginale. Or, ceci paralyse toute application en justice du concept de conscience qui peut lui-aussi par ce biais justifier des crimes et délits de toutes sortes. Les actes de désobéissance civile étant en pleine augmentation au fur et à mesure du développement quantitatif et qualitatif des moyens et accès à l'information qui exposent plus ouvertement les actions des autorités diverses institutionnelles - politiques, financières, économiques - et morales, dont la légalité et la légitimité sont ainsi remises en cause. La "conviction que les mécanismes normaux de l'évolution ne fonctionnent plus ou que les réclamations ne seront pas entendues [...] (ils) croient possible de faire changer d'attitude un gouvernement engagé dans une action dont la légalité et la constitutionnalité sont gravement mises en doute[56]".

Il y a une nécessité donc à distinguer la désobéissance civile de la "délinquance de droit commun[57]" définie comme un acte dissimulé en vue de servir ses propres intérêts et non l'intérêt général et pouvant, s'il le faut, avoir recours à la violence. Au contraire de la désobéissance civile qui est comprise comme une proclamation du droit ou d'un droit autre, au nom de l'intérêt général ou du bien commun sans jamais avoir recours à la violence[58].

Premier recours à la loi depuis sa promulgation

Le 17 avril 2019, le Conseil des Prud'hommes de Lyon rendait une décision favorable à un lanceur d'alerte en s'appuyant sur la loi Sapin II. L'affaire concerne un ancien "cadre au service des achats d'un Établissement Public Industriel et Commercial (EPIC[59])", qui dénonçait des faits de

---

[56]Hannah Arendt, *Op cit*, p.76.

[57]Expression utilisée par Hannah Arendt, *ibidem*.

[58]Selon Arendt cette forme est tout à fait "compatible avec les lois et les institutions publiques des Etats-Unis", *ibidem*, p.77

[59]Juliette Alibert, Jean-Philippe Foegle, "Première victoire d'un lanceur d'alerte en référé sous l'empire de la loi « Sapin II ».", avril 2019. https://journals.openedition.org/revdh/6313

malversations et de contrats avec une entreprise d'informatique américaine en "contournement du droit européen de la commande publique[60]". L'alerte avait été faite dans le respect et l'ordre des procédures de la loi de 2016. Une enquête avait alors été ouverte le 6 février 2017 par le Parquet national financier une fois que la Commission européenne eut reconnu en 2015 les "manquements" de l'employeur. L'auteur s'est vu accordé officiellement le statut de lanceur d'alerte ainsi que le rejet de son licenciement et la rétribution de ses salaires dus. Ceci est une première depuis que la loi Sapin II a été instituée en 2016.

Dans les prochaines années, les recours à la loi devraient augmenter. Ceci d'autant qu'avec la nouvelle directive européenne, les employés pourront dans certains cas directement alerter l'autorité appropriée ou le public, sans suivre l'ordre des procédures de la loi Sapin II. La notion d'acte désintéressé, absente de la directive pourrait également disparaître du texte ce qui faciliterait la reconnaissance du statut aux auteurs d'alerte. Finalement, l'éventuelle crainte d'une application généralisée de la loi est celle de l'institutionnalisation des lanceurs d'alerte qui, à l'exemple des auxiliaires de justice américains capables d'attaquer des organismes nationaux, se transformeraient en collaborateurs de service public et déchargeraient ainsi l'État d'une part de ses responsabilités quant à la résolution des fraudes et des dysfonctionnements. Dérive analysée par Camille Colas dans son chapitre sur le "caractère inachevé du régime[61]" de l'alerte : "L'institutionnalisation peut conduire l'administration à se décharger de ses obligations sur son intervention[62]".

[60]*Ibidem*.

[61]Mathieu Dissant, *Op cit*, p.209

[62]*Ibidem*, p.210.

C-Les législations à l'étranger : entre théorie juridique et mise en œuvre

Ce qui a initié la construction d'un statut juridique du lanceur d'alerte dans le monde est le cumul de la culture d'origine et des scandales qui se sont passés dans un même pays (Australie, Corée du Sud, États-Unis, Canada, Irlande, Royaume-Uni...).

1-Les États-Unis : pionniers des lois

Dans le cas du droit américain, est souvent rappelée la notion "d'assimilation de la désobéissance civile[63]", caractère propre à cette nation, dans le but (unique et honnête) "d'en vérifier la constitutionnalité[64]". Dans cette démarche, un lanceur d'alerte a tout à profiter d'un tel système et à le critiquer car il participe finalement à la correction, et donc au perfectionnement du droit et de la législation américaine en voie de solidification et d'une plus extrême clarification de ses textes; ceci étant le seul moyen d'obtenir une vraie protection du lanceur d'alerte, mais aussi l'interdiction d'une éventuelle exception ou jurisprudence qui ne serait pas reconnue dans le sein d'un système que l'on pense le plus abouti, le plus parfait.

Une limite à cette philosophie de l'alerte vient notamment des dérives multiples qui ont pu être constatées lors de la guerre du Viêt-Nam et les mouvements de résistance en contradiction avec la loi fédérale des États-Unis. La Cour suprême américaine reposant normalement ses décisions sur la supériorité et l'immuabilité du "droit supérieur" au-dessus de toutes les lois, avait alors refusé de "se prononcer sur la légalité de la guerre". Ceci montre bien la limite d'un "droit supérieur" mué par la conscience morale qui sert pourtant de base et de référence à deux côtés différents, voire opposés que sont la loi fédérale ou constitutionnelle à vocation générale ou universelle, mais apparemment juste et bonne car acceptée par une majorité, et de l'autre une conscience morale "marginale" qui, tout en se fiant

[63]Notion développée par Hannah Arendt, *Op cit.*.
[64]*Ibidem*, p. 55.

aux mêmes principes, aboutit à des conclusions et à un résultat totalement divergent.

Les lanceurs d'alerte ont à nouveau fait parler d'eux aux États-Unis et dans la presse française suite à un scandale qui regarde directement le président américain. Et cette fois-ci les médias semblent rangés de leur côté. L'affaire concerne un appel téléphonique entre Donald Trump et son homologue ukrainien Volodymyr Zelensky daté du 25 juillet 2019. Ce dernier aurait été invité par Donald Trump à enquêter sur son concurrent démocrate aux présidentielles de 2020, Joe Biden. Si l'évènement parait comme un outrage à l'éthique démocratique, c'est sa soudaine et brutale médiatisation qui le rend un brin inhabituel. Le dernier cas de tentative de destitution d'un président américain remonte à 1998 avec Bill Clinton qui avait d'ailleurs été acquitté par 55 sénateurs. Seulement à l'issue de son mandat avait-il été amendé de de 25000 dollars et d'une suspension de pratiquer dans son comté, l'Arkansas, sur une période de cinq ans[65].

L'enquête qui a été ouverte le 24 septembre 2019 a déjà démontré l'implication de l'administration au pouvoir, le Congrès ayant rendu public des SMS compromettant son intégrité. Cependant l'affaire n'en est pas close. En effet, ce ne sont pas les seuls éléments qui seront jugés mais également le contexte des alertes qui semblent avoir été orchestrées par d'autres acteurs et ennemis politiques de l'accusé. Si des liens entre les auteurs de l'alerte et de tels acteurs externes sont prouvés, l'affaire pourrait se transposer en machination politique ou tentative de renversement du pouvoir en place.

A l'heure des débats sur la place et la légitimité d'acteurs non institutionnels dans les sphères sociale et politique, une ambiguïté supplémentaire survient, celle des éventuelles manipulations de ces acteurs et des informations relayées.

L'avocat des différents responsables de l'alerte, Andrew Bikaj s'avère être un ancien fonctionnaire de la *Central Intelligence Agency* (CIA). Lors de son passage à l'agence fédérale, une de ses fonctions était de s'assurer de la bonne

---

[65]Il avait été jugé pour des faits de morale et non de politique après avoir voulu démentir son adultère avec la stagiaire Monica Lewinsky.

application de la directive d'Obama pour la protection des lanceurs d'alerte ayant accès à des informations classées. Il aurait été licencié suite à des désaccords avec ses supérieurs sur des tentatives de fraudes contre les lanceurs d'alerte. Aujourd'hui à la tête d'un groupe d'avocats, le *Compass Rose Legal Group*, basé à Washington, sa nouvelle activité lui permet de continuer à défendre la cause des lanceurs d'alerte. Il travaille avec une organisation à but non-lucratif *Whistleblowers Aid* visant à éclairer et soutenir les citoyens dans leur procédure de dénonciation des dysfonctionnements. Enfin il a été stagiaire en ambassade en Ukraine, ce qui lui garantit une légitimité particulière dans l'affaire en cours, bien que certains lui reprochent sa partialité (il est proche du parti des Démocrates[66]).

Une des difficultés est donc de déterminer la véracité des informations les tenants et aboutissants des acteurs qui ont participé à leur dévoilement sur la scène publique. Bien que les informations soient objectivement correctes, il est nécessaire de distinguer un lanceur d'alerte d'un simple opportuniste. En effet, si l'enquête concluait au rejet du statut de lanceur d'alerte, cela voudrait dire, dans cette affaire précise, qu'il s'agit d'acteurs ayant manipulé les informations à des fins autres que le bien commun ou l'intérêt général. Or, sans pouvoir juger des intentions réelles des individus, c'est la question du service de l'intérêt général ou "au minimum de l'intérêt d'un maximum de personnes" qui détermine l'acceptation des acteurs et de l'affaire devant les tribunaux. Quels étaient donc les intérêts des individus restés anonymes et de leur entourage, l'avocat inclus, dans l'afflux soudain de SMS du président Donald Trump avec le président ukrainien ? Car l'intérêt général semble loin derrière l'hypothèse d'une tentative de manipulation politique, de discrédit d'un personnage public et politique ou d'un parti et son administration. Loin derrière encore de la volonté de semer le doute parmi les citoyens-électeurs (remettant en cause jusqu'à leur droit et leur liberté de vote) et générer ainsi un vent de chaos national. Ces hypothèses qui sont toutes à fait retenues par le Congrès détermineront, si elles sont validées, de l'avenir

[66]Il aurait fait une donation pour la candidature de Joe Biden.

de l'administration Trump mais, et c'est peut-être le plus important, de l'avenir des lanceurs d'alerte aux Etats-Unis. En effet, si cette affaire donne raison aux acteurs responsables de l'alerte, elle créera une situation de jurisprudence qui nuira directement à la légitimité des lanceurs d'alerte dans le droit général et fragilisera leur statut déjà poreux. Car ce statut sera en proie à des intérêts extérieurs, étrangers au bien commun et à l'intérêt général. Il ne servira ni plus ni moins à des buts personnels tels que la vengeance, l'exercice de levier contre un tiers, la désinformation ou la construction de chaos.

Voilà pourquoi les lanceurs d'alerte sont autant décriés par la classe politique. Ils peuvent aussi bien servir les intérêts publics qu'ils ne les desservent, selon qu'ils sont instrumentalisés ou non par des acteurs étrangers à l'alerte. Sa date de publication, le choix des informations du dossier, les sources de l'alerte, la recherche d'auteurs partiaux pour l'alerte... Cette affaire sensible et ultra-médiatisé mérite toute vigilance et serait à distinguer de l'alerte classique car si les règles de procédures sont respectées, ce sont les intentions et la méthode qui ne le sont pas. Autrement dit elle ne serait pas une alerte éthique. Trump a qualifié l'affaire de "chasse à la sorcière" ("*witch hunt*") en référence à la traque des ennemis politiques dans les années 1950 dans le cadre de la guerre froide[67], chasse dont il semble légitimement faire l'objet depuis son accession à la maison blanche.

L'exemple américain démontre l'importance de la prudence et de la vigilance devant toute situation d'alerte. Si les intentions ne peuvent pas toujours être évidemment définies, le *caractère éthique*, lui, est déterminant dans la reconnaissance juridique d'une alerte. De plus l'affaire illustre assez bien la problématique actuelle de la place et de la reconnaissance de ces individus sur la scène publique. Elle complète aussi la définition des lanceurs d'alerte américains dont les activités les

---

[67]L'ennemi était le communisme, aujourd'hui les démocrates usent des mêmes méthodes pour disqualifier leur président et le Parti républicain. Une campagne anti-Trump a déferlé dans plusieurs Etats fédéraux et soutenue par des célébrités et personnages publics (acteurs, business men, présentateurs télévisés...).

plus pressantes regroupent généralement les cas de fraudes fiscales, les détournements de fonds, les comptes bancaires off-shore ou paradis fiscaux ; les Etats-Unis sont les seuls à avoir réussi à mettre fin au secret bancaire suisse pour les comptes ayant le passeport américain.

Connus pour être les grands pionniers des sujets sociétaux ou économiques, les États-Unis, s'il est vrai qu'ils sont dans les premiers à avoir accordé un statut juridique à part pour les lanceurs d'alerte, sont aussi les premiers à savoir manier les textes de loi en leur faveur. "Tout ce qui n'est pas interdit est permis". L'adage proprement américain est vrai pour tous sauf pour les lanceurs d'alerte. Ainsi, des lois tant attendues par le monde entier, les textes en vigueur servent en réalité plus à resserrer le contrôle autour des populations qu'à déployer des outils de protection pour les lanceurs d'alerte. Des nombreux projets de loi apparus dès le début des années 1970, beaucoup concernent la divulgation de fautes à la fiscalité et encouragent les citoyens à l'auto-surveillance par la promesse de récompenses financières et/ou fiscales.

La *loi Sarbannes-Oxley (loi SOX)* votée en 2002 concerne les données comptables et autres activités frauduleuses menées par les entreprises Elle vient renforcer les textes déjà existants en visant l'amélioration du traitement des données par un recours élargi au numérique[68]. Ceci rendant la conservation des données et sources de données sur les réseaux informatiques mais aussi leur potentielle utilisation, infinies, de même la dissimulation d'informations aux organes de contrôle comme le FISC ou les institutions financières quasi impossible. La section 802 détaille la gestion des archives électroniques des entreprises. Y sont listés les cas de dossiers devant être sauvegardés, leur temps de sauvegarde et les sanctions encourues en cas de "destruction, altération ou falsification" des documents. Dans la section 806, il est question de protéger les employés, agents ou contractants d'entreprises commerciales et d'agences nationales

[68]Chaque entreprise doit désormais enregistrer toutes les informations liées à son activité de manière informatique. Ceci permet de garder une trace permanente des données dans le cas où l'entreprise ferait l'objet d'une investigation.

de notation financière de toutes formes de représailles. Elle s'adresse aux acteurs internes à l'entreprise ou à tout individu essayant d'entraver l'alerte par l'exercice d'une pression quelconque. La section 1107 inscrit une possible amende ou une peine de prison allant jusqu'à dix ans ou les deux.

Il est une chose à savoir de la législation américaine, elle aborde les lanceurs d'alerte comme des *collaborateurs de service public* (des auxiliaires de justice). Dans le but idéal de "pouvoir de substitution" et "de transparence de la procédure administrative." Tel qu'y sont décrits les articles dans le *Freedom of Information Act* (FOIA) de 1966, révisés en 2006 (avec un article L.8J-487 Stat.250) qui faisait suite au scandale de la guerre du Vietnam et des informations cachées à l'opinion publique. Le texte se base sur le principe du "droit à l'information". Chaque citoyen pouvant en théorie demander l'accès à des documents des agences fédérales. En théorie car ce même texte est de suite limité d'application par les exceptions faites aux secrets de fabrication, secrets professionnels, aux informations relevant de la sécurité nationale, de la défense, de la politique étrangère et au respect de la vie privée. Enfin l'interdiction de divulguer les "positions géophysiques et géologiques des puits". Finalement les domaines accessibles au public par la loi se restreignent à la finance, à la culture, l'éducation, les sciences et la politique. La loi SOX ayant depuis été modifiée à plusieurs reprises limitant au fur et à mesure les possibilités d'action pour les citoyens américains. Elle reprend un texte plus ancien de 1976 le *Government Sunshine Act* qui donnait aux citoyens une liberté d'accès et la possibilité de déclassifier certains dossiers administratifs[69].

Pourtant c'est bien aux États-Unis que la loi est la plus développée et donne une marge d'actions assez vaste aux lanceurs d'alerte. L'existence par exemple d'un *qui tam* qui permet "à un individu lanceur d'alerte non seulement de porter plainte au nom de l'Etat et dans l'intérêt public, mais également à partager avec l'Etat les éventuelles sommes récupérées[70]."

---

[69]Depuis Obama les documents relatifs aux présidents américains peuvent être accessibles au public après une période de vingt-cinq ans.

[70]Mathieu Disant, *Op cit*, p.44.

Ainsi d'après la *loi Dodd-Franck* (datée de 2010), une commission de 10 à 30% "du montant des sommes recouvrées par l'administration fiscale, en plus de la protection juridique apportée[71]" peut être versée au lanceur d'alerte. Un citoyen devenu d'une certaine façon une extension des compétences de contrôle de l'État en poursuivant à lui-seul des compagnies ou des personnes physiques en tort avec le droit fédéral. Cette vision est assez différente des attentes des populations quant à la protection des lanceurs d'alerte, qui espèrent plutôt y favoriser un contre-balancier des pouvoirs de l'État et non un garant de son autorité.

Car "loyauté ou obéissance" n'auraient "pas la primauté sur le principe de protection du bien-être public". Voici qui justifie les penchants hérités de l'individualisme protestant à la "désobéissance civile". Un devoir individuel (de conscience) à œuvrer au nom du bien commun[72]. Ce qui se traduit en droit américain à "agir en justice, au nom du gouvernement[73]." Une attitude qui passerait pour une arrogance en France n'est rien d'autre qu'un devoir de conscience pour un individu vivant sur ce continent.

En réclamant plus de droits, les citoyens américains ont participé eux-mêmes à la consolidation de leur système de droits. Ils se sont renfermés dans un engrenage juridique qui s'occupe à les surveiller le plus finement possible, avec, génie démocratique, l'approbation des mêmes destinataires. C'est un retournement subtil du droit édicté par des intentions contraires à leurs applications.

Il serait ici vain d'énumérer toutes les lois existantes dans la législation américaine, du fait du nombre imposant d'articles et de mises à jour donnant des avis et tous leurs contraires. Est plutôt prise en compte l'application particulière qu'en font les États-Unis. Une application, rendue visible dans les cas évoqués plus haut, qui est à double tranchant, c'est-à-dire qui se met au

---

[71]*Ibidem*, p.96.

[72]C'est une habitude qui perdure aujourd'hui dans la culture américaine qui voue un respect significatif pour toutes les figures de "héros" dans les sociétés démocratiques modernes.

[73]*Ibidem*, p.44

service des intérêts de l'État et du gouvernement en place[74]. Les lanceurs d'alertes sont finalement surtout encouragés dans le domaine des finances, par le FISC, s'ils aident à éviter les manquements aux impôts en dénonçant les fraudes d'entreprises et de particuliers. Dans les autres secteurs tels des litiges avec les entreprises, les alertes font face à la même lenteur judiciaire que dans les autres pays. Si le pays pionnier en terme d'alerte joue un double jeu, le même comportement est à attendre des autres nations dont les juridictions bien qu'allèchantes n'échappent pas aux acteurs politiques et sociétaux dont l'intérêt financier demeure autoritaire. Dans cette perspective de la traque financière, le fait de lancer une alerte aux États-Unis peut facilement être qualifié d'acte surérogatoire, c'est-à-dire un "acte moralement bon mais non obligatoire."

2-Le Royaume-Uni et l'Irlande

Législation irlandaise

L'Irlande, à l'exemple d'autres pays, a tout d'abord disposé de lois sectorielles. Le secteur de la santé a ainsi bénéficié de plusieurs lois pour la dénonciation des actes de maltraitance ou d'abus. La première, en 1998 avec le *Protections for Persons Reporting Child Abuse Act* sous la direction du ministère de la Santé irlandaise. Il protège toute personne révélant des faits d'abus sur enfant. Quelques années plus tard, en 2004, un système de procédures de recueil d'alertes et de protection avait été introduit dans le *Health Amendment*, modifié en 2007. Toujours dans le secteur public, a été créée une autorité régulatrice des organismes de bienfaisance et à but non lucratif par le *Charities Act* de 2009.

[74]L'affaire des SMS de Donald Trump étant rendue possible par l'isolement toujours plus précoce dont le président américain fait actuellement l'objet, abandonné par beaucoup dans son propre parti. Sa place en tête du gouvernement se trouvant ainsi fragilisée, il fait face au désir de renversement par le parti adverse, le Parti Démocrate, qui serait à l'origine des divulgations des échanges avec le président ukrainien.

Sont visés le contrôle et la prévention des fraudes financières par l'institution de rapports annuels de comptabilité et des activités de ces organismes. C'est ainsi que le principe de transparence financière s'étend peu à peu dans les législations.

Mais c'est suite à un scandale en 2014 impliquant la police de la République d'Irlande, la *Garda Síochána*, que le *Protected Disclosure Act* a vu le jour. Maurice McCabe et John Wilson, anciens membres de la *Garda Siochana*, aujourd'hui lanceurs d'alertes, avaient dénoncé des faits de corruption et de mauvais management au sein de la police. A l'issue de l'affaire le ministre de la Justice et de l'égalité de l'époque, Alan Shatter, avait démissionné.

Ainsi le 15 juillet 2014 est promulguée la nouvelle loi actuellement en vigueur. Elle est agréablement accueillie par la population car plus globale par rapport aux textes déjà existants. Sont ainsi acceptés comme potentiels lanceurs d'alerte tous les travailleurs, les employés, les fonctionnaires, les entrepreneurs, les stagiaires. En théorie seuls les bénévoles ne sont pas compris dans la loi. Ils peuvent être à l'origine d'alertes mais ne sont pas protégés. Dans les conditions obligatoires, les informations donnant lieu à l'alerte doivent avoir été trouvées par l'individu dans le cadre de son travail. Il ne doit la dévoiler que s'il croit avec raison en l'authenticité de ses informations. Sont reconnus comme *wrongdoing* les infractions pénales, les manquements aux lois, la mise en danger de la sécurité et de la santé des individus, les dommages à l'environnement, l'erreur judiciaire, l'abus de biens sociaux, la destruction de preuve d'un acte illégal et tout acte discriminatoire de la part d'une administration publique.

Or, une limite importante et non des moindres est le fait que seules les alertes en interne et auprès de l'employeur sont reconnues. C'est une contrainte préjudiciable qui restreint fortement le recours à l'alerte par les employés. Des dispositifs de recours à une personne tierce existent pour certains cas, par exemple les employés de la *Central Bank* ou de la *Health and Safety Authority* s'ils répondent à certains critères encadrés par la loi. En dehors d'organe référence comme la *Data Protection Commisisoner (DPC),* l'équivalent du CNIL en France, il existe peu de dispositifs d'alerte externes aux entreprises. Le recours à cet organe est lui-même soumis à des conditions assez strictes ; l'individu doit croire avec raison que l'information est correcte et que la violation incombe aux compétences de l'entreprise. Seulement dans des circonstances exceptionnelles un employé peut dévoiler l'alerte au public, à un journaliste par exemple.

Enfin, comme d'autres lois nationales, la législation irlandaise condamne les actes discriminatoires faits à l'encontre d'un lanceur d'alerte qui peut faire appel auprès du *Labour Court*. Une autorité a été mise en place pour aider et orienter les individus dans leur processus d'alerte. Il s'agit du *Transparency Legal Advice Centre* (TLAC), un organe indépendant prévu dans le *Protected Disclosure Act* de 2014 qui pourrait s'apparenter au Défenseur des droits en France.

Cette législation s'avère assez stricte. En effet dans l'"approche retenue le lanceur d'alerte n'existe que si le discours juridique emploie l'expression[75]."“Il n'y a donc pas en droit de lanceur d'alerte qui s'ignore, et les procédures similaires de dénonciation qui n'emploient pas l'expression se rapprochent mais ne se confondent pas avec cette catégorie. Il peut s'agir d'un lanceur d'alerte dans une approche philosophique, politique, administrative, économique ou sociologique, mais non juridique, en l'absence de fondement textuel explicite[76]."

Les lanceurs d'alerte au Royaume-Uni

La première loi en faveur des lanceurs d'alerte au Royaume-Uni est le *Public Interest Disclosure Act* (PIDA) de 1998 toujours en vigueur. Il incite le recueil d'alerte au sein même des entreprises et déclare la protection des employés de tout type de discriminations suite au rapport sous preuves d'activités illégales ou nuisibles à l'environnement. L'alerte devant tout de fois répondre à au moins une des six catégories de fautes prévues dans l'article 43 B que sont l'infraction pénale, les manquements ou violation de la loi, la mise en danger d'une personne, l'atteinte à l'environnement ou la

[75]Mathieu Disant, *Ibid*, p.8
[76]*Ibidem*, p.8

dissimulation délibérée d'informations concernant une faute. Depuis 2014 lors de la mise à jour de la loi PIDA par le *Public Interest Disclosure Regulations*, le *Certification Officer* qui est l'autorité responsable des syndicats au Royaume-Uni, s'est aussi vu accorder la charge de "personne tiers" vers qui les travailleurs et les associations de travailleurs peuvent se tourner et obtenir protection s'ils rapportent des irrégularités ou fraudes financières à leur supérieur. Par la suite plusieurs organismes ont, de leur propre initiative, développé des dispositifs de contrôle internes afin d'éviter des éventuelles fuites sur la scène publique. Enfin un fait révélateur, le terme de "bonne foi" est tout simplement absent de la législation britannique. On parle plutôt de "croyance raisonnable" (*"reasonable belief")* ce qui laisse une plus grande part au doute et reconnaît ainsi l'impossible détermination des intentions du lanceur d'alerte. Ceci devant élargir l'acceptation des cas d'alertes et faciliter la protection.

Or, si le texte pose des arguments forts en matière de protection des lanceurs d'alerte, sa promotion par les gouvernements britanniques libéraux ne l'a pas autant été. Peu de nationaux connaissaient l'existence de cette loi. Rangés plutôt du côté des entreprises, la loi n'a pas réussi à imposer la mise en place de dispositifs internes de recueil d'alertes ni à protéger les salariés. De fait PIDA rejoint les lois qui ont été depuis adoptées et qui tentent au contraire d'alléger les contraintes et les dispositifs à l'encontre des entreprises pour favoriser le commerce.

La loi de 2013, *Enterprises and Regulatoty Reform Ac*t, va justement dans cette voie. Elle a officialisé la création d'une autorité des marchés et de la concurrence, *Competition and Market Authority* (CMA) relevant du département non ministériel (qui dépend du Parlement). Il s'agit d'un organe exécutif en charge de réguler la concurrence et prévenir les activités anticoncurrentielles des entreprises sur le marché britannique. Ceci passe entre autre par la prévention des actes répréhensibles et la protection des consommateurs. Contrairement à d'autres lois pour l'alerte, celle-ci a été élaborée dans le but d'alléger le fardeau de la législation en matière de santé et de sécurité pour les entreprises, afin d'aider à la création d'emplois dans le secteur privé et relancer la confiance. Cependant le processus de plaintes pour violation aux règles de sécurité et de santé par les salariés y est complexifié. Il demeure ainsi de la responsabilité du recourant d'apporter la preuve de la faute de son employeur. Sans quoi l'alerte est rejetée et les conséquences pour l'employé incertaines. Par exemple en cas d'incident de l'employé à cause de déficience d'un équipement, alors qu'il suffisait avant la loi de montrer que cet équipement était bien défectueux, l'employé doit désormais prouver que son employeur a échoué à prendre des mesures raisonnables afin de fournir un équipement sécurisé. C'est une différence par rapport au nouveau texte français qui lui a inversé la *preuve de la charge du côté du défendant* (dans ce cas il serait de la responsabilité de l'employeur de démontrer qu'il avait pris les mesures adéquates pour fournir un matériel sécurisé).

En outre plusieurs textes ont été écrits pour venir compléter la loi PIDA, elle-même modifiée en 2014 par le *Public Interest Disclosure Act (*ou *Prescribed Persons Amendment).* Il y avait déjà la loi de 1996 *Employment Right Act* (ERA) qui est l'équivalent du code du travail français avec des paragraphes consacrés à la prévention des licenciements abusifs et à d'autres formes d'abus. Puis le *Enterprise and Regulatory Reform Act (ERRA)* du 25 avril 2013 et enfin le *Small Business, Enterprise and Employment Act*[77] en 2015. Ces mesures ont été pensées dans un contexte de crise de confiance envers les entreprises et des dirigeants d'entreprises qui semble toucher le pays depuis la crise de 2008.

La directive européenne va sûrement influencer les législations. En Irlande, en imposant le développement de

[77]Ce dernier vise à plus de transparence au sein des entreprises et dans le monde de l'emploi. Entré en vigueur en avril 2017, il est devenu obligatoire pour les entreprises de publier certaines données relatives à leurs finances. Doivent ainsi être déclarés les pratiques de paiement, les performances économiques et politiques des entreprises et les factures qu'elles paient sur des périodes déterminées (allant de 1 à 61 jours). La loi pousse encore plus loin puisque doivent aussi être transmis les cas de litiges concernant le paiement des factures ou les modalités de paiement, ceci sur un cycle de six mois. La transparence est aussi exigée pour l'égalité des salaires.

dispositifs d'alertes internes aux entreprises. Au Royaume-Uni, par l'élargissement des acteurs pouvant bénéficier de la protection légale (travailleurs indépendants, collègues, bénévoles et proches du lanceur d'alerte) et par l'obligation de dispositifs internes aux entreprises, et non plus seulement pour les secteurs régularisés comme ceux de la finance ou de la santé. Alors que le Brexit n'est toujours pas officialisé, le Parlement britannique devra décider si la directive européenne sera suivie au niveau normatif.

De nombreux Etats se sont inspirés du modèle américain pour développer un *système de récompense financière* à l'alerte permis par le Fisc. C'est le cas de l'Australie, du Royaume-Uni et de la Corée du Sud. Or cette pratique est très critiquée par des politiques comme du côté des entreprises. En effet elle incite fortement les employés à surveiller les bonnes pratiques de leurs entreprises pour éviter les cas de fraudes ou d'abus. Elle met en place un système d'auto-surveillance et de contrôle permanent par les employés entre eux, ce qui peut créer des climats de tensions ou de méfiance exagérés au sein d'un organisme, surtout si chacun émet des doutes aléatoires et sans fondements dans l'espoir de tomber sur une situation qui lui rapportera la récompense. C'est une forme de *dérive du système de l'alerte* qui est orientée dans un but tout à fait différent de celui de l'intérêt général et du bien commun. Une extension des prérogatives des employés qui se substitue ainsi d'une certaine façon aux inspecteurs du travail et aux contrôleurs des finances dont la profession est le respect des lois. Il est à craindre, dans un scénario poussé, une baisse de la productivité des employés distraits par ces préoccupations d'alerte et de surveillance.

Si l'Allemagne ne délivre pas de compensations financières à ses employés, les alertes y sont tout de fois elles bien spécialisées dans la traque aux fautes financières.

3-La controverse allemande

L'Allemagne, connue pour son système politico-juridique stricte, a réitéré son intention de préserver le principe de loyauté professionnelle contre celui de l'alerte lors d'une décision de la

Cour constitutionnelle de Karlsruhe le 21 juillet 2001 par l'arrêt Brigitte Heinisch de la CEDH, n°28274/0[78].

Si la France cultive l'art du secret d'Etat, l'Allemagne peut se glorifier de ce qui est devenu sa loi, le secret des affaires. Si elle a été privée pendant un temps d'armée et d'armements, ses armes sont tôt passées par le renseignement de nature commerciale et financière. Une pratique très ancienne [79] (remontant dès le XIIe siècle avec la Hanse) qui lui a permis d'élever son économie sur l'échelle mondiale et de maintenir une compétitivité et une reconnaissance certaines quant à la qualité de ses services, de ses produits et de sa main d'œuvre. Or cette pratique repose en grande partie sur l'usage du silence et un lanceur d'alerte ne saurait être admis dans cette *culture de la circonspection*. Un second facteur qui contient la reconnaissance des lanceurs d'alerte sur le territoire est le *principe de "l'honneur personnel"*. Inscrite dans les limites à l'application de l'article 2 de la loi fondamentale du 23 mai 1949 relatif à la "liberté d'agir, liberté de la personne", la notion d'honneur personnel est hautement considérée dans la civilisation germanophone. Ainsi tout consensus au sein d'un organisme ou d'un collectif est traditionnellement réglé de manière discrète et en interne avec les seules personnes concernées, un intermédiaire si besoin. Le lanceur d'alerte qui publierait ouvertement un dysfonctionnement dans son entreprise serait considéré comme trahissant le contrat implicite de loyauté et d'honneur qui lie tout employé avec son employeur.

---

[78]L'ancienne infirmière qui avait été licenciés suite à des révélations sur le manque de personnel en gériatrie et le traitement précaire des patients a pourtant obtenu gain de cause en 2004 auprès de la Cour européenne des droits de l'homme (CEDH).

[79]Les Etats germaniques carolingiens recourraient déjà à cette forme de commerce en entretenant des relations commerciales avec une variété d'acteurs sans pour autant être inquiétés de prise de partie contre un allié; au 20e siècle l'Allemagne avait ainsi servi d'intermédiaire lors du conflit avec le royaume du shah d'Iran entre la Grande-Bretagne et l'union soviétique, et avait pu conserver ses relations avec le pays alors que tout échange était condamné par les grandes puissances de l'époque.

Cette réticence au dévoilement des contentieux dans les entreprises comme dans les administrations, se traduit donc par une protection moindre des lanceurs d'alerte. Un acteur qui peine à être reconnu sur la scène nationale dont la législation est en partie le fait de l'Union européenne. D'autres états européens sont dotés de textes bien plus avancés que ceux de la République fédérale. C'est le cas de la Suède et de la Norvège, pionniers dans le secteur de l'alerte.

Ainsi une loi a effectivement été créée dans ce domaine le 22 avril 2002 mais qui se prononce uniquement sur le statut des acteurs du secteur de la finance. Le *Gesetz über die Bundesanstalt für Finanzdienstleistungsaufsicht*, plus connu sous le nom de loi FinDag qui autorise l'alerte interne pour les fautes ou abus commis au sein des institutions financières. Dans ce cadre, une plate-forme est mise à disposition des employés pour permettre le traitement anonyme de l'information. La loi n'oublie tout de même pas de sanctionner l'individu en cas d'entrave au "droit du travail ou au droit pénal" lors de son action d'alerte[80]. En pratique, l'illégalité d'un licenciement d'un employé allemand pour fait d'alerte est déterminée au cas par cas. Plusieurs facteurs sont pris en compte dont celui de la bonne foi, du choix de l'organe référent, du recours aux organes internes ou externes, de l'intérêt général, puis de la proportionnalité de la sanction, la falsification de déclaration, la nature des intérêts légaux concernés. En dehors du domaine des finances, aucun texte n'oblige les entreprises allemandes à installer de dispositifs internes de report d'alerte. Seules quelques organisations civiles existent et permettent les alertes anonymes. En outre, la loi de 2002 a institué la création d'un régulateur des marchés financiers, le *Bundesanstalt für Finanzdienstleistungsaufsicht* (en français l'Autorité fédérale allemande de surveillance des services financiers ou BaFin) créé le 1er mai 2002. Fonctionnant de manière décentralisée et

[80]Mélanie Chenouard, Katia Beau, Loïc Bertrand, "Lanceurs d'alerte : en France comme en Allemagne, des lacunes dans leur protection", Info Arte, 12 décembre 2016.
https://info.arte.tv/fr/lanceurs-dalerte-en-france-comme-en-allemagne-des-lacunes-dans-leur-protection

comptant environ 1500 agents, soit trois fois plus que l'AMF en France, son activité est désormais supportée par la participation des citoyens allemands encouragés à reporter les éventuelles violations des dispositifs de surveillance (selon la section 4d de la FinDag). L'organe dispose de la personnalité juridique et dépend du ministère fédéral des finances. Ce texte majeur cache peut-être moins ses ambitions de "traque aux finances" telles qu'elles sont affichées aux Etats-Unis qui recourent aux mêmes pratiques mais avec plus d'ambiguïté face aux lois.

Depuis le 1er janvier 2014, les institutions financières réglementées sont, selon le *German Banking Act (Kreditwesengesetz)*, légalement obligées d'établir une procédure aidant l'accueil et la transmission des reports de violations de la loi ou d'autres actions criminelles par un organe approprié. Ceci en garantissant la confidentialité de l'employé. Les dispositions de surveillance concernent toutes les lois, régulations et actes administratifs ainsi que ceux de l'union européenne pour lequel BaFin détient un mandat de conformité. De telles informations peuvent être déposées anonymement si les règlements des tribunaux le permettent. Selon la loi du travail allemand, le Conseil du travail pourrait avoir un droit de codétermination regardant l'établissement de système de lancement d'alerte. L'employeur doit informer le conseil avant la mise en place de tels systèmes et ouvrir des négociations sur un accord de travail.

"Plusieurs États n'accordent le bénéfice du statut de lanceur d'alerte qu'à des individus irréprochables qui n'ont été ni imprudents, ni irréfléchis dans leurs actes."[81] Et c'est bien la mentalité de l'Allemagne qui rechigne à statuer sur un individu qui viendrait rompre le contrat professionnel et la loyauté envers son entreprise pour dévoiler publiquement des faits internes relevant de la compétence de la compagnie. Un exemple de cette réalité culturelle, la *convention des Nations unies contre la corruption adoptée* par l'Assemblée générale en 2003. Signée par 114 pays au Mexique, elle ne fut ratifiée par l'Allemagne que plus de dix ans après sa mise en application, soit en 2014, alors que l'Union européenne l'avait signé en

[81] *Op cit*, p.39.

2008. L'Allemagne fait donc partie des derniers pays à l'avoir ratifié, suivie de la Nouvelle-Zélande en 2015, le Japon en 2017 et le Tchad en 2018. Des réticences flagrantes face à la volonté européenne de transparence et de modernisation de la vie politique et économique dans le monde du travail.

Or le 8 juin 2016 l'Union européenne a adopté une directive *2016/943 sur la protection du savoir-faire et des secrets des affaires* contre l'obtention, l'utilisation et la divulgation illicites. Suite à cette loi l'Allemagne, comme les autres pays membres de l'UE, a dû transposer une équivalence en droit allemand. Le 21 mars 2019 le Bundestag[82] a donc finalement adopté un texte relatif à la protection du secret des affaires (*Geschäftsgeheimnisgesetz - GeschGehG*). Une loi qui a beaucoup fait débats car il y était à craindre un durcissement des sanctions à l'égard des lanceurs d'alerte en Allemagne. Néanmoins des exceptions à la loi ont été édictées et les salariés devraient être protégés si l'information révélée démontre une activité illégale, sert l'intérêt général et est en conformité avec leur mandat professionnel. Bien que précaire, cette loi représente une avancée notable pour la reconnaissance du statut de lanceur d'alerte dans l'Etat fédéral. La nouvelle directive européenne de 2019 relative à la protection des lanceurs d'alerte devrait donc également influencer la législation allemande en imposant des changements progressifs pour l'acceptation de ces nouveaux acteurs. Et peut-être leur donner un nom car pour le moment il n'existe pas d'équivalent du *whistleblower* ou du "lanceur d'alerte" français dans le langage allemand.

D- L'absence de reconnaissance internationale des lanceurs d'alerte

1-Conceptions différentes des libertés d'expression et de diffusion

En vue de comprendre les différences qui personnalisent les lois à l'étranger, une revue des spécificités culturelles de chacun des pays est primordiale. Le *fait religieux* ainsi qu'une

---

[82] L'Assemblée parlementaire de la République fédérale d'Allemagne.

construction historique séparée, en sont une clé de lecture sincère.

En prenant la propriété religieuse, deux voies se distinguent d'abord, le catholicisme et le protestantisme.

Pays fille aînée de l'Église, les racines catholiques de la France ne sont pas étrangères à cette interprétation en droit qui suit, le principe de loyauté ou autrement dit l'hostilité à toute délation (comme il est toujours le cas en Italie où les lanceurs d'alerte ont encore bien du chemin à parcourir). Culturellement hostile aux actes de délation, même légitimes, l'explication trouve sa source dans le respect de la personne et de son engagement qui était une vertu hautement considérée, ainsi peut-être que par la vertu de charité. Ces mêmes vertus, dont l'interprétation est bien d'origine religieuse, s'est traduite sur le plan social par le droit à l'erreur accordé aux individus ainsi qu'au bénéfice du doute. Ces deux points s'expliquent par la croyance que l'individu, doté du libre-arbitre, pouvait obtenir le pardon (aujourd'hui on parle plus aisément de seconde chance) en rachetant ses erreurs (ses péchés). Ainsi la seconde chance accordée, celle-ci ne peut être réalisée par la délation imminente des fautes mais par le silence. Un silence qui est ici accepté et compris par les citoyens comme l'espérance que chaque individu est capable de rattraper lui-même ses erreurs sans passer par un jugement extérieur et public, sans passer par un tribunal.

Juridiquement ce comportement explique deux choses. L'absence de textes favorables à la délation, à l'alerte, et une autre pratique française, le recours régulier aux secrets d'État ou d'administration étendu aujourd'hui aux secrets des affaires. Les quelques initiatives à la transparence sont encore très récentes et nécessiteront plusieurs années avant d'entrer dans les mœurs.

En second lieu, la construction historique vient apporter des réponses complémentaires au particularisme français et européen.

La vision stato-centrée qui caractérise les pays comme la France, l'Allemagne, l'Espagne ou l'Italie, donne en effet peu de place aux individus sur la scène nationale et encore moins dans la sphère des prérogatives de l'État et des administrations (c'est-à-dire dans l'échiquier décisionnel qui regroupe la rédaction des textes de loi, la recherche pour les projets de loi, l'avis des citoyens lors des hémicycles, etc.). Elle a établi un système hiérarchique qui repose sur la répartition des rôles et des acteurs et sur son respect intangible. Un système vertical qui place les destinateurs au-dessus des destinataires. Une telle division encourage l'inertie des citoyens dont le seul pouvoir va être l'application des lois et le suivi de la politique mise en place. Or, cette vision a peu ou pas d'intérêt à statuer sur un nouvel acteur, le lanceur d'alerte, qui deviendrait l'intermédiaire officiel entre ces deux camps, le rendant à la fois destinateur et destinataire des lois. Un nouveau statut, qui, s'il ne change à première vue pas le fonctionnement de la vie politique est en réalité un retournement énorme de ce système de représentations où hiérarchie et ordre sont autant de réalités que la séparation et l'opposition entre le système et les citoyens.

Ces interprétations culturelles ont aussi donné lieu à une autre particularité en ce qui concerne les procédures d'alerte. Il s'agit du principe à l'anonymat. Que ce soit en France, au Brésil, en Irlande, en Inde ou en Russie, les alertes y sont personnifiées. L'anonymat, s'il est indiqué dans certaines situations n'existe pas encore tout à fait. L'inscription de l'identité de l'auteur de l'alerte est obligatoire dans toutes les procédures. C'est une approche reposant sur l'assurance de pouvoir protéger le lanceur d'alerte et donc qui exige par la même occasion une argumentation construite et détaillée des faits qu'il dénonce. Une vision toute à fait européenne de l'alerte éthique qui n'est pas sans poser problèmes. Elle peut décourager les individus à aller jusqu'au bout du processus de l'alerte, inquiétés par les conséquences d'une diffusion de leur identité.

Dans un même constat, les pays anglo-saxons ont développé des approches bien distinctes de l'alerte et du droit.

La proximité au religieux encore très présent au 21ème siècle et jusque dans les sphères du pouvoir, contrairement à l'Europe continentale, marque de façon manifeste le droit anglo-saxon (les États-Unis en tête). D'origines protestantes, l'Angleterre et les États-Unis sont imprégnés de l'héritage calviniste où règne l'autorité de la conscience individuelle[83]. Une autorité de conscience respectée qui permet, lorsque les individus se trouvent en "situation qui leur apparaît intolérable du point de vue de leur morale ou de leur intérêt[84]," de la dénoncer. Sachant par la suite qu'ils pourront confesser leurs actes opérés "au nom d'une cause pure[85]", justifiables donc et pardonnables.

Un deuxième prisme de lecture, celui de l'individu, complète encore la démarche particulière de l'alerte où l'État y est défini comme une autorité personnifiée. Ainsi en personnifiant un organe a priori abstrait, l'État va bénéficier du même regard que les acteurs qui le composent, c'est-à-dire, de la même possibilité à l'erreur, car il y est reconnu comme un acteur faillible. L'État, alors devenu acteur partial doit en permanence être contrôlé par la société civile dont l'objectif est de rappeler puis diminuer ses erreurs. "Une vigilance constante de la société civile" propre à l'Australie, au Canada, au Royaume-Uni et aux États-Unis. C'est d'ailleurs une des remarques de Kant qui définit l'approche américaine de vision individualiste de l'État. Une approche où l'État incarne un acteur avec ses propres intérêts, à l'opposé de l'approche étatiste, vue plus haut, où l'État y est défini comme un acteur impartial.

Le lanceur d'alerte n'y est donc pas perçu comme un perturbateur de l'ordre public mais comme un "élément de la procédure administrative pour l'intriguer à la puissance publique [86] ", c'est-à-dire un "élément d'un ensemble politico-social" où l'État et la société civile sont agencés de manière à travailler l'un pour l'autre, (et non l'un contre l'autre comme il est possible dans les sociétés démocratiques européennes), ce dans les deux sens. Ici le principe de l'anonymat existe bel et bien (en théorie en Chine, au Royaume-Uni aux États-Unis et en Nouvelle-Zélande). Les auteurs d'alertes peuvent bénéficier de l'anonymat, maintenu

---

[83]Mathieu Disant, *Ibid*, p.9.

[84]*Ibidem*.

[85]*Ibidem*.

[86]*Ibidem*, p.12.

même devant les tribunaux. En réalité, entre les deux approches, c'est le nombre de personnes mises au courant de l'identité du lanceur d'alerte qui diffère. Néanmoins la deuxième offre une garantie plus sûre à l'anonymat, contre la médiatisation par exemple[87]. C'est pourquoi le nombre d'alertes reportées dans ces pays (sauf la Chine) y est plus important, le risque pour un lanceur d'alerte de conséquences graves ou de dommages s'avérant presque nul. L'auteur ne fait que relater des faits sans avoir à les étayer, ce sera le rôle des instances relais.

Or, aujourd'hui il est fait état de *"greffes culturelles"* ou *"d'évolutions "forcées"* conduites par l'acculturation progressive des sociétés. Comme ce que l'on peut d'ores et déjà observer avec les initiatives à la transparence qui éclatent un peu partout dans les régimes d'Europe de l'Ouest derrière l'exemple anglo-saxon. Libéralisés, l'économie, les finances et les marchés, la pensée politique, la dualisation entre conservateurs et modernistes incarnée par le bipartisme omniprésent (républicains et démocrates, socialisme et républicain, Die Linke et le SPD[88]) puis finalement le droit. Aucun secteur n'y échappe. Le droit est un instrument capital dans les évolutions qu'a connu le monde car il a une propension dangereuse à l'objectivisme, et par conséquent, à la croyance d'incarner la vérité. Le droit mène directement à cette acculturation, "il fusionne, déforme, réforme les exigences de la société civile, à partir de réécritures politiques constantes[89]."

2-Vers un statut uniforme ?

La question de l'uniformisation des lois, et ici d'un statut universel du lanceur d'alerte se pose de plus en plus lors des débats. Cette question est d'autant plus légitimée par l'ouverture des frontières et l'internationalisation des conflits qui concernent non plus une seule autorité étatique et juridique mais qui en mêle plusieurs sur un même front.

---

[87]Ce qui est tout à fait respecté dans le scandale de la conversation dévoilée du président Donald Trump.
[88]Parti social-démocrate d'Allemagne.
[89]Mathieu Disant, *Ibid*, p.13.

L'exemple des scandales à prion

Un exemple approprié concerne l'affaire des maladies à prion. Occupant les scènes médiatiques pendant plus de dix ans, le scandale de la vache folle qui a touché plusieurs nations en même temps demeure une référence historique en termes de "controverses et alertes". "Aujourd'hui la "vache folle" sert de précédent dans toutes sortes de conflits : maïs transgénique, réforme de la politique agricole commune, élevage intensif de volailles ou de porcs[90]." Il faut dire qu'à l'époque (l'affaire du sang contaminé a débuté dans les années 1980 mais l'alerte scientifique n'a été lancée que vers 1990) les économies étaient en pleine croissance, l'ouverture du marché appuyée par la future réalisation de l'espace Schengen (officialisé en 1995) ayant donné un puissant élan au sein de l'Europe. Or, la soudaine apparition de vaches britannique infectées par l'encéphalopathie spongiforme bovine (ESB) va être une première remise en cause de l'uniformisation du marché et de l'absence de règles communes sur ce marché, notamment l'absence d'un statut commun de lanceur d'alerte, qui aurait sûrement facilité la prise en compte des dossiers par des procédures simplifiées et organisées conjointement. Au lieu de ça, l'affaire va trainer sur plus d'une décennie (elle a été médiatisée principalement entre 1990 et 1997) et infecter d'autres marchés, privés d'informations relatives aux matières exportées et au manque de traçabilité des produits.

Le plus grand remous de l'affaire de l'ESB survint peu après l'annonce du ministre britannique de l'Agriculture, Jack Cunningham à la BBC "d'interdire la consommation des morceaux de viande de bœuf touchant les os de la bête, par crainte d'une possible contamination de l'encéphalopathie spongiforme bovine (ESB) par les os [91]" sur le marché britannique. Annonce qui allait à l'"encontre de toutes les représentations d'intérêts politico-économique de la Grande-Bretagne[92]" mais qui surprenait surtout par la demande

[90]Didier Chateauraynaud, *Op cit*, p.307.

[91]*Ibid.*, p.308.

[92]*Ibid.*, p.309.

parallèle du gouvernement de la levée de l'embargo sur ses bovins suite aux réactions de l'Allemagne et de la France." La commission de Bruxelles, suivie par le gouvernement français, a immédiatement exigé les éléments scientifiques soutenant cette interdiction[93]." La décision d'alors aurait dû suffire à assurer le confinement de la contamination mais encore une fois le *manque de communication et de relais des décisions* a laissé passer outre-manche des tonnes de produits contaminés, pour beaucoup des produits transformés (dont des farines de bovins servant dans l'alimentation animale). C'est une des premières crises européennes remettant "en jeu le principe de libre circulation interne à la CEE[94]" En effet les normes européennes prises en hâte vont s'avérer difficiles d'application, la notion de traçabilité étant encore peu présente dans les textes et les configurations n'étant pas harmonisées. "En Allemagne, la configuration politique liée au fédéralisme rend encore plus délicate qu'en France l'application des normes européennes[95]."

Un deuxième problème concerne la désinformation autour des dangers des exploitations de bovins et de leur commercialisation sur le marché européen. "La Coordination rurale a saisi le tribunal de grande instance de Luxembourg pour attaquer la Commission Européenne au sujet d'une note émanent du "service politique des consommateurs" qui, en octobre 1990, *demandait de "minimiser" l'affaire de la vache folle* pour ne pas déstabiliser les marchés et de pratiquer la "désinformation[96]". Cette information va être reprise par la presse où on lira que "les autorités sanitaires de Bruxelles [...] ont laissé faire, ne prononçant pas d'interdit général au motif que les Britanniques auraient promis de ne plus exporter ces farines auto-proscrites[97]". C'est l'éclatement de la crise. Le terme de "blanchissement" des viandes contaminées va même être utilisé pour dénoncer l'absence de volonté et d'action politique concrète. Le nombre de décès commence à augmenter.

---

[93] *Ibidem*.

[94] *Ibid.*, p.333.

[95] *Ibid*:, p.354-355.

[96] *Ibid.*, p.373.

[97] *Ibid.*, p.370.

Au final l'affaire s'estompera des radars médiatiques à la fin des années 1990 alors que la transmission de la maladie chez l'homme est reconnue. Des agriculteurs puis des consommateurs vont décéder après avoir développé la maladie de Creutzfeldt-Jakob qui est causée par la protéine dite "prion" directement imputée par l'absorption de produits bovins touchés par l'ESB.

Conscients d'une erreur dans le traitement des dossiers de bêtes contaminées, des nouvelles propositions de procédures et d'alertes sont apparues. Une de ces propositions est la mise en place de *réseaux de surveillance,* notamment des "réseaux d'épidémio-surveillance à l'échelle internationale, sur la base du nombre de suspicions captées[98] " encouragée par des responsables français. Ce système de partenariat qui repose sur la vigilance professionnelle des acteurs coordonne les actions sur différents secteurs et permet le suivi des informations par un "cumul d'alerte aux niveaux national [et] international". Sont ainsi créés des postes de coordonnateurs qui sont en réalité des vétérinaires ou scientifiques indépendants qui vont servir d'intermédiaires entre les services d'État et les vétérinaires privés en "assumant le rôle de porteur de l'alerte[99]". Ce système de vigilance-surveillance portant "attention à tous les petits signaux" va se démontrer efficace mais il nécessite tout de même une certaine "capacité de mobilisation des professionnels sur le terrain" ce qui, bien sûr, pose le problème des moyens alloués et des capacités de financement.

La vache folle est "l'une des situations auxquelles nous serons de plus en plus souvent confrontés : la survenue des risques nouveaux difficilement évaluables, indirectement engendrés par l'usage d'une technique particulière[100] ". Si l'uniformisation d'un statut du lanceur d'alerte est souhaitable pour des raisons évidentes de clairvoyance et d'égalité de traitement et de justice et d'internationalisation des affaires, elle est aussi inquiétante car elle confirme d'une même voix la fusion à venir des sociétés civiles. Les différences de définitions

---

[98] *Ibid.*, p.320.
[99] *Ibidem.*
[100] *Ibid.*, p.308.

et de protections des lanceurs d'alerte dans le monde sont certes préjudiciables à leur protection et à la résolution juste des affaires qui vont émerger dans les années prochaines mais elles sont aussi les derniers signes de refus visibles de cette acculturation, de cette fusion des sociétés. Des particularités à conserver alors et à préserver de l'uniformisation voulue par l'Union européenne et en même temps par les institutions internationales.

DEUXIEME PARTIE : LA RECONNAISSANCE PROGRESSIVE PAR LES INSTITUTIONS DEMOCRATIQUES ET LES JURIDICTIONS INTERNATIONALES

L'acceptation progressive de ces acteurs au sein de la société mondiale fait place à une multiplication des recherches en droit. Un droit qui se trouve dévoyé de ses fonctions originelles que sont la justice et le bien commun.

I-Vers une reconnaissance institutionnelle : le rôle des lanceurs d'alerte dans une société démocratique

C'est la nature même de la démocratie, un régime politique mis en place et entretenu par les citoyens, qui légitime la présence de ces acteurs de l'alerte dans l'espace public. Une reconnaissance essentielle pour l'harmonisation du régime et dont l'autonomie tend à les distinguer des journalistes, relais professionnels des alertes.

A- Le rôle des lanceurs d'alerte dans une société démocratique : alerter le citoyen

1-L'information dans une démocratie

"Sociétés civiles, médias et pouvoirs publics: les démocraties face aux manipulations de l'information[101]". Le titre est révélateur de la position de l'État, précisément du gouvernement français quant à sa vision des menaces qui pèsent sur la démocratie.

Érigée en un idéal absolu et intouchable, le gouvernement se veut en être le garant de sa préservation. Ainsi c'est la démocratie qui serait ouvertement menacée par les instruments qui sont eux-mêmes les fondements de cette démocratie, que sont les sociétés civiles, les médias et les pouvoirs publics qui participent à son bon fonctionnement. Le 4 avril 2018, lors de la

---

[101]Titre du discours de clôture de la conférence internationale à Paris le 4 avril 2018.

conférence internationale sur les menaces actuelles pour la démocratie, le ministre de l'Europe et des affaires étrangères, Jean-Yves le Drian rappelait et prônait pourtant l'importance de la société civile et notamment des médias dans la pérennité démocratique : *"l'information et la démocratie* entretiennent des liens si étroits que l'une ne peut exister sans l'autre, qu'il ne peut y avoir de vie démocratique sans un espace public nourri par le travail des journalistes. Pas plus qu'il ne peut y avoir d'information sans des institutions et des règles qui en garantissent la liberté, l'indépendance et la légitimité auprès de nos concitoyens[102]." Selon ses mots, les journalistes ont toujours eu une place prépondérante voire centrale dans la résolution des crises qui ont secoué la cinquième et les précédentes Républiques. C'est eux-mêmes qui permettraient de faire vivre le débat public et participeraient ainsi au maintien de l'autonomie des individus dans leurs choix politiques, grâce à l'accès à l'information. Il en vient même à rappeler l'affaire Dreyfus, où la conscience professionnelle de Bernard Lazare (journaliste) eut raison du gouvernement qui voulait taire le procès. Une presse qui à l'époque avait largement provoqué une crise de la vie publique et de la démocratie.

Or, c'est justement ce que semble ici reprocher le gouvernement, ce trop de liberté d'expression de la société civile, de la presse et des médias qui mettent en danger la légitimité des gouvernements et des gouvernants eux-mêmes. Des gouvernements apeurés par l'accès facilité à des informations qui jusqu'ici étaient protégées et inconnues du grand public. Le numérique étant l'outil de premier choix à tout éventuel lanceur d'alerte.

---

[102]Jean-Yves le Drian, clôture du discours "Sociétés civiles, médias et pouvoirs publics : les démocraties face aux manipulations de l'information", Conférence internationale, Paris, 4 avril 2018.

2-Le citoyen dans une société démocratique moderne

Risques de la démocratie technocratique

Un fait prégnant des sociétés modernes est la présence toujours plus accrue des "experts" dans la prise de décisions dans la vie politique. Baignés dans une idéologie de la science, du progrès et de la spécialisation, ces experts, ambitieux certes, se retrouvent détachés de la réalité sociétale, perdus dans leur imaginaire théorique. Et ce sont les citoyens ordinaires qui pâtissent de ce nouveau monde construit dans des laboratoires sans concession faite pour les problématiques quotidiennes et pragmatiques vécues par les profanes. Exclus des processus de décision, les citoyens ordinaires se retrouvent plongés dans l'idéologie construite par des acteurs ambitieux mais sujets à se perdre dans leurs idéaux de démocratie technocratique.

Pourtant, dans une démocratie c'est justement le citoyen qui doit être la base et la fin du système. C'est le citoyen ordinaire qui est censé choisir le système le plus adéquat pour régir la société dans laquelle il évolue et donc être maître des actions et décisions entretenues par un système, la démocratie, qu'il a lui-même mis en place. Car c'est le seul système qui ne peut tenir sans la participation active d'une minorité importante d'individus (les représentants) tandis qu'un système autoritaire se satisfait d'une minorité bien plus réelle en se reposant sur la soumission du reste des citoyens à l'autorité en place, fut-elle une seule personne, cela suffit.

Une démocratie d'experts sans les citoyens

C'est ainsi que des systèmes peuvent se transformer en la pire des dictatures, lorsque ses cerveaux ont sombré dans un schéma apparemment parfait et organisé mais à qui il manquait le caractère humain, l'imprévisibilité de l'homme qui s'avère être incompatible avec un tel modèle. Le facteur d'imprévisibilité est souvent le facteur oublié par les artisans d'expérimentations démocratiques, ceux-ci privilégiant trop fortement la rationalité de l'homme face à ses passions. L'héritage cartésien et de la dualité de l'esprit (raison-passions) s'est propagé bien au-delà de l'Hexagone et dans les générations. Le retrait drastique des laboratoires de recherche et des décisions par rapport au monde réel pour une soit disant performativité, un productivisme assumé jusque dans les sphères scientifiques et celles de la vérité, est une grave erreur. Une arrogance qui coûte chère à l'efficacité et à l'harmonie de l'ordre naturel, qui, ainsi négligé ne saurait rendre de réponse satisfaisante à toutes les questions que se posent les hommes, que ce soit sur la taille d'une comète ou l'impact d'une secousse sismique sur la fertilité des sols. La question du nucléaire ne saurait déroger à la règle de l'incertitude. Ainsi la place des citoyens est encore plus à interroger aujourd'hui si l'on veut éviter l'installation de ces démocraties technocratiques.

Pour remettre le citoyen au cœur de la vie politique et du processus de décisions qui en découle un modèle déjà existant mérite d'être recopié à grande échelle. C'est le modèle que suivent plusieurs associations, par exemple l'association française contre les myopathies (AFM), et les collectifs de personnes qui ont fait émerger des problèmes en proposant des solutions sur la scène publique et politique. Le *lanceur d'alerte a*git de façon comparable, sauf qu'il est celui qui *prépare le terrain,* en dévoilant une affaire, pour que de telles initiatives puissent avoir lieu et se montrer plus efficaces. Il sonne la cloche sous laquelle les citoyens vont pouvoir se rassembler pour agir de façon concertée et donner une réponse qui en sera alors plus adaptée. Il n'est donc pas là pour apporter la réponse qu'aucun n'a su appréhender mais bien pour briser sa cristallisation afin de créer une vraie alternative par la participation de tous les acteurs concernés qui se réuniront pour les recherches.

Une démocratie du silence, celui des citoyens

Privés de moyens d'expression qui leur permettent d'être écoutés et d'influencer l'ordre public, les lanceurs d'alerte sont donc là pour crier la catastrophe afin de redonner leur voix aux citoyens qui, ainsi rassemblés autour d'un sujet que nul ne peut plus étouffer, pourront par la suite s'organiser et participer aux phases de recherches et de décisions en lien direct avec les sphères du pouvoir et les autorités (représentants). Dans un système coupé entre profanes d'un côté, experts et politiques de l'autre, la tâche des lanceurs d'alerte est essentielle. Ils permettent de casser cette frontière presque officielle dans le monde scientifique et technique. Ils ravivent ou empêchent que des dérives apparues sous le pli des habitudes ne s'insèrent profondément dans les rouages démocratiques. Ils portent donc bien leur nom, *whistleblower*, souffler dans le sifflet, faisant du bruit pour empêcher le public de s'assoupir, réveiller les décideurs qui se trompent.

3-Modernisation des sociétés démocratiques et nouveaux besoins

L'espace numérique "est devenu un espace à part entière de conduite des relations internationales" et ce "dans tous les domaines, et notamment celui du *soft power* et de la diplomatie publique[103]", ajoute le Ministre Jean-Yves le Drian. Il félicite ainsi *France Medias Monde* à qui il attribue un rôle quasi officiel et institutionnel de l'exportation de la culture française à travers le monde, soit un instrument de la diplomatie de la France.

Et c'est bien cette mutation du rôle des médias et de la société civile, à travers l'élargissement de ses compétences et de ses accès à la communication et à l'information, qui suscite le débat aujourd'hui. Les nouvelles technologies ayant permis l'arrivée sur la scène publique d'acteurs toujours plus nombreux et diversifiés, les moyens d'action et les répercussions des plateformes médiatiques et des réseaux se sont eux aussi étendus à une sphère presque globale. Avec une influence directe et quasi-immédiate de l'information sur les sociétés civiles et les gouvernements mondiaux, ce qui devait être un outil d'autonomie et de référence de la démocratie pour les citoyens se transforme peu à peu en un outil efficace et puissant pour les gouvernements eux-mêmes. Ces derniers assistent à une transformation extrêmement rapide de la vie démocratique et du fonctionnement des institutions avec la montée en

[103]Jean-Yves le Drian cité dans HATVP, *ibid.*

puissance d'acteurs non institutionnels. Alors même que la fonction diplomatique, relevée par Jean-Yves le Drian plus tôt, était d'abord propre aux compétences étatiques et institutionnelles. D'où un certain pessimisme de celui-ci dans ce qu'il décrit être "une situation de duopole[104]" avec *Google* et *Facebook*, les deux principaux outils et réseaux de communication et d'information. Duopole entre, d'un côté l'État et les institutions régaliennes et de l'autre les acteurs nouveaux non institutionnels, diffus et massifs que sont tous les réseaux sociaux, les médias, la presse et plus généralement, le numérique.

Ainsi, après ce qui ressemble à une apologie notoire de la fonction du journalisme, le nouvel horizon occupé surtout par la société civile et les médias prend un ton plus obscur. Le ministre de l'Europe et des affaires étrangères en vient ici au cœur de la thématique qui préoccupe largement les gouvernements et animent des débats encore irrésolus. Il évoque trois axes de tension qui inquiéteraient principalement le maintien d'une démocratie, il s'agit de la manipulation de l'information : la manipulation permise directement par l'accès élargi à internet, aux médias et aux réseaux ; la manipulation possible par le surplus d'informations venant de toutes parts qui ne reflètent pas nécessairement la réalité de débats appauvris et fragmentés ; enfin la manipulation réalisée par la présence d'individus et d'acteurs multiples qui ne respecteraient pas la déontologie journalistique et remettraient en cause la fiabilité des sources et des informations. Ceci est un point essentiel, car c'est sur la base de ces arguments qu'a notamment travaillé le gouvernement de Macron avec le projet de loi Sapin I et II sur le statut et la protection des lanceurs d'alerte. Malgré l'inaltérabilité des libertés promue par la démocratie, le concept de sécurité parait reprendre sa place dans les échelons nationaux (étatiques et publics). Internet, plus généralement le numérique, représenterait donc une menace contre "les vertus d'ouverture et de progrès[105]" si chères à la démocratie.

---

[104] *Ibid.*

[105] *Ibidem.*

Or, cette menace est d'autant plus vraie et urgente qu'elle survient en un moment crucial. Les démocraties, et pas seulement en France, connaissent une véritable crise de confiance, confiance dans les institutions, dans les gouvernements, en l'information, c'est-à-dire une véritable perte de confiance dans les valeurs démocratiques. Deux facteurs l'expliquent. D'une part, la *cristallisation du débat public* avec la "digitalisation de l'espace public" qui accentue l'ampleur de chaque événement dans la vie politique et économique, financière... D'autre part, le recours à des *stratégies de puissance*[106]" qui vise à orienter ou manipuler l'information pour affaiblir les débats et ainsi déstabiliser voire renverser les démocraties. Ici Jean-Yves le Drian fait une allusion aux propos du chef d'État-major russe des armées, qui en 2013 aurait sous-entendu que des "actions informationnelles [107] " sont un levier comme un autre "d'intervention extérieure". Alors que lui-même évoquait plus tôt la "stratégie internationale de la France pour le numérique". Une véritable stratégie que le gouvernement semble vouloir porter et qui a de quoi inquiéter. C'est-à-dire que le monde numérique, internet, les médias, les réseaux, serait sujet à un programme particulier du gouvernement français qui entend ainsi encadrer une arène qu'il ne maitrise pas.

4-Crise de confiance et de l'autorité

"*Auctoritas non veritas facit legem*" (l'autorité, non la vérité fait la loi") explique sans détour la dynamique qui a entraîné les sociétés complexes et les systèmes juridiques et politiques modernes dans la négation des droits naturels (l'ordre naturel). Des droits qui garantissaient le respect du contrat social pour les citoyens et le respect des droits de l'homme et de la souveraineté populaire. Sans vérité, n'importe quel système tomberait des nues et la voie démocratique ne fait pas exception, bien au contraire, elle est la voie qui monopolise le plus les citoyens qui réclament en toute légitimité les droits et la

---

[106] *Ibid.*

[107] Voir le discours du chef d'Etat-major des armées russe de février 2013.

sécurité dont ils ont initialement besoin. Encore une fois un lanceur d'alerte n'est pas à considérer comme un simple perturbateur de la vie civile et politique, mais, bien qu'un tel acteur ne se définit lui-même pas ainsi, il constitue le rempart au basculement démocratique en remettant la vérité à sa place, c'est-à-dire à la place de l'autorité qui ne devrait pas faire loi seul. Il est un acteur à considérer comme tremplin pour le respect des droits et la garantie de la vie des citoyens, sans qui, le contrat social en peine de légitimité autant que de légalité aujourd'hui, se trouverait définitivement rompu. Rompu, mais dans le silence des citoyens, sans pouvoir autre que la soumission à l'autorité en place devenue illégitime et illégale.

Un point important soulevé par Florence Chaltiel dans *Les lanceurs d'alerte* est celui du rapport qu'entretiennent les individus avec l'autorité en générale. Une relation qui progresse drastiquement vers une prise de recul avec des interrogations émergeant selon le flux permanent d'informations, et un nouveau prisme de lecture de ces dernières.

L'information ne se reçoit en effet plus exactement de la même manière par les individus des débuts des démocraties et par ceux qui évoluent dans des démocraties essoufflées, fleurant le despotisme annoncé plus tôt par Tocqueville. Avant prostrés dans l'adhésion quasi solennelle de la parole démocratique, les individus sont de plus en plus nombreux à se détacher des rouages psychologiques inculqués par la société et ses valeurs démocratico-libérales, pour se libérer de leur emprise dominante. Il est assez commun aujourd'hui de remarquer la méfiance, du moins la vigilance avec laquelle le citoyen reçoit l'information reléguée par les structures représentant l'autorité politique et étatique.

Habitués à être servis instantanément d'une pléthore de mets et d'informations diverses, la curiosité individuelle semblait jusqu'ici partiellement contrôlée par les structures en place qui se contentaient de répondre aux questions les plus simples et les plus ordinaires de la vie citoyenne. Un mécanisme pernicieux de la facilité et du confort libéral, moderne et capitaliste contre la téméraire mais laborieuse quête de la vérité, de la justice, qui viendrait forcément un jour remettre en cause des pratiques et des idées élaborées, réfléchies parfois mais bien souvent juste exécutées dans la logique coutumière et normaliste. Le découragement de cette quête, insufflé et entretenu alors par les agents de l'Autorité, a des conséquences bien sûr flagrantes sur le comportement et la manière de penser et d'appréhender l'extérieur - l'environnement -. Il a encouragé les sujets de la démocratie « tocquevillienne » à abandonner une part de leur capacité rationnelle pour ne vivre que par les passions passagères et superficielles apportées sur ce même plateau alléchant de mets démocratiques. Il a privé les individus de la liberté de réfléchir, de penser librement, sans frontières ni règles quelconques, et de pérenniser ce qui fait sa spécificité propre, la création. Étant les êtres les plus achevés par l'équilibre de l'esprit et du cœur, ce qui les différencie ici de l'espèce animale où les instincts vitaux sont prédominants, l'art de créer et d'imaginer le monde selon ses prismes intérieurs, culturels et sociaux est justement ce qui caractérise et consacre l'être humain sur cette terre.

Or ces premières secondes de joies euphoriques auront vite laissé leur place à l'inquiétude justifiée d'un phénomène de perte de confiance envers les structures officielles pourtant démocratiquement mises en place, c'est-à-dire par ces mêmes individus qui en viennent aujourd'hui à douter de la légitimité en premier temps mais aussi plus profondément de la légalité du fonctionnement tout entier de la société moderne. Un fonctionnement qui reposerait sur des bases poreuses du mensonge et de la tromperie, sujet analysé par Hannah Arendt dans sa mise en garde des politiques au caractère violent et impulsif. Un phénomène plus qu'inquiétant donc car il arrive par soubresauts en cognant par-ci par-là des piliers confus et enfouis de toute une société mondialisée. Un phénomène qui ne peut se permettre de frapper un coin du globe sans avoir de répercussions toutes aussi violentes à l'autre bout de la carte. De plus, ces soubresauts surviennent en réaction, sans proposer d'alternatives viables et réfléchies en remplacement d'un système rejeté par une partie toujours plus grande de la société.

La *résilience* touche le fond d'une société en attente de la réalisation des idées démocratiques tant vantées et plébiscitées par tous et surtout par toutes les formes et parties de l'autorité depuis l'histoire des civilisations. Elle atteint la limite d'un système que beaucoup croyaient ou espérait durable et accompli. La crise de confiance en ce système reflète également une forme de déception généralisée d'une évolution historique qui promettait le progrès et l'harmonie sur terre. Voilà pourquoi ce premier aspect du changement de rapport des individus avec l'Autorité revêt une importance majeure et devra être surveillée attentivement au cours des prochaines évolutions.

B- Le lanceur d'alerte aux prises avec le journalisme : des statuts à différencier

1-Un statut refusé aux individus dont la fonction est l'investigation des crimes et délits

Ce climat de confusion a commencé à affecter en premier le monde journalistique qui est sujet à beaucoup de restrictions au niveau de la liberté de diffusion, sa manne originelle. Le secteur est en plein renouvellement car la période des grands reporters indépendants (travaillant en *free-lance*) traversant le monde à la recherche d'informations de « unes » ou de scandales est finie. Les quelques reporters restants sont soumis aux *turn over,* valse du personnel, afin de limiter les augmentations de salaires là où l'information ne rapporte plus assez d'argent, faute de lecteurs mais surtout faute de volonté (et d'intérêt). L'information est maintenant canalisée par les sources, souvent indépendantes et privées, ensuite par les agences de presse et enfin par les décideurs des grands relais, ces dirigeants des agences de presse et média qui utilisent les plateformes d'informations pour leur propre compte, à des fins commerciales et financières donc, lobbyistes ou politiques autrement.

Arrivent à subsister quelques journalistes d'investigation, en France *Cash Investigation* ou *Envoyé spécial* avec à sa tête la journaliste Elise Lucet. Ils s'emploient également à dénoncer les scandales qui peuvent avoir lieu partout dans le monde : les vêtements fabriqués par des enfants dans des conditions inquiétantes dans les pays d'Asie de l'Est, l'utilisation et la production d'huile de palme, la déforestation en Amérique du sud, une histoire de corruption... En outre ces enquêtes respectent naturellement les procédures formelles de sources et preuves rendant le travail valable et sérieux. Pourtant ces auteurs ne bénéficient pas de la protection accordée par le statut de lanceur d'alerte. Bien que leur travail rejoigne de près celui de ce dernier, leur fonction de recherche et d'analyse de l'information n'entre pas dans le cadre de la loi. Les journalistes composent une autre exception à la loi Sapin II, à côté des "personnes morales"[108].

En effet, un argument cohérent est le fait que ces enquêtes sont menées à bien par les journalistes grâce à l'accès à des sources parfois confidentielles. Et les lanceurs d'alertes constituent justement cette manne d'informations pour les journalistes, des informations auxquelles eux n'ont pas directement accès. Stéphanie Gibaud, lanceuse d'alerte française et ancienne cadre chez UBS France le rappelle bien: "sans lanceur d'alerte, les journalistes n'ont pas accès à certaines informations, ils ne peuvent savoir ce qui se passe véritablement au cœur des entreprises et des administrations[109]." Dans cette logique il est nécessaire que le statut des journalistes et celui des lanceurs d'alerte soient différenciés. L'un servant de relais de l'information et l'autre assurant l'existence d'un métier.

2-Une confusion qui nuit à la protection et à la légitimité des lanceurs d'alerte

Selon Jean-Yves le Drian, une *fausse nouvelle* est à définir selon des motivations plus grandes. Ce serait une "manipulation de l'information" qui répondrait selon lui à trois critères. Une "campagne orchestrée, impliquant des acteurs étatiques, mais

[108]Au Danemark a été voté en 2018 une loi qui vise à protéger les lanceurs d'alerte et les journalistes dans le cadre d'informations diffusées contre le secret des affaires et qui sont de l'ordre de l'intérêt général.

[109]Stéphanie Gibaud, *La traque des lanceurs d'alerte*, Max Milo, Paris, 2017, p. 234.

aussi non étatiques", une "diffusion massive de nouvelles fausses ou biaisées, fabriquées à dessein". Ceci dans une stratégie de "domination, interférence et déstabilisation des populations, des institutions et des États ciblés, afin d'infléchir leurs choix, de porter atteinte à l'autonomie de leurs décisions et à la souveraineté de leurs institutions[110]." Ce sont donc les institutions démocratiques et les gouvernements qui seraient directement visés par ces manipulations et donc, victimes, les gouvernements se doivent de répliquer. Il ajoute que ces manipulations de l'information s'attaquent essentiellement aux démocraties d'où leurs hautes fréquences lors des campagnes électorales. Toutes fausses informations ou campagnes de manipulation seraient ainsi forcément orchestrée par des antidémocrates. L'équivalent d'un terroriste politique ou d'un hors-la-loi. Or, si les gouvernements définissent les acteurs responsables de ces propagandes comme étant des terroristes, la marge de réponse de ces gouvernements en sera tout autant amplifiée. En cas d'urgence, tous les moyens peuvent être utilisés pour éradiquer le danger. Si la restriction de la liberté d'expression et la surveillance des personnes et informations susceptibles de mettre en danger la démocratie sont les seuls recours possibles, alors les gouvernements n'hésiteront pas.

Or, l'implication de la branche journalistique est souvent mise au-devant. Que ce soit par la transmission d'informations en masse ou au contraire incomplètes, même non vérifiées. Ou par la compromission [111] (petite ou grande) du fait de la proximité avec le gouvernement et avec certaines professions ou institutions d'État et d'intérêts. Ce secteur de l'information, avec les médias, reste lié dans les mémoires aux tentatives d'étouffement ou d'exacerbation des crises qui ont effleuré les démocraties. C'est pourquoi l'accord d'un statut particulier qui protégerait les individus responsables du tremblement des institutions ne peut être envisagé pour le moment. Surtout dans

---

[110]Discours de Jean-Yves le Drian, *ibidem*.

[111]"Action de transiger avec sa conscience ou ses principes en acceptant avec d'autres personnes pour son intérêt personnel (son ambition, ses passions ou sa tranquillité)", définition du centre national de ressources textuelles et lexicales (CNRTL).

ce contexte de brouillard démocratique où les journalistes, quatrième pouvoir après les législatif, exécutif et judiciaire, sont assimilés aux institutions de l'Autorité, là où le lanceur d'alerte sert au contraire de contre-pouvoir officiel.

3-Une confusion qui accentue le besoin d'un nouveau statut

Ce qui distingue l'alerte du travail journalistique, est le fait que les enquêtes d'investigation ne reçoivent pas le même accueil que les alertes. Elles sont appréhendées plus comme des feuilletons-documentaires, devant lesquels le spectateur pourra s'indigner des ignominies infinies, que de véritables alertes. Chaque individu sera effectivement ému de découvrir les injustices qui persistent mais il ne sera pas porté à transférer cette émotion sur la sphère publique, par un regroupement collectif par exemple. L'information demeurera une émotion, elle ne suscitera pas d'action. Au mieux elle induira un changement de conscience personnel.

C'est là une différence majeure avec le lanceur d'alerte, qui, certes agit de façon moins formelle et moins structurée, avec moins de moyens et aussi moins d'artifices pour emballer l'information, mais qui, par sa *spontanéité* (le processus est long et réfléchi mais l'action de l'alerte n'était pas préméditée car ne rentrant pas dans le cadre de ses fonctions professionnelles) et sa *brièveté* (une minute en moyenne pour relayer un scandale aux informations contre cinquante minutes dans un reportage enregistré) parvient à frapper une *audience plus large* (non réservée à une chaîne de diffusion mais à toutes les sources d'informations - internet, télé, radio, journaux -) et aussi *plus attentive* car elle reçoit une information de manière soudaine et brutale là où un spectateur d'une émission aura attendu le développement d'une réalité qu'il envisageait voire qu'il connaissait déjà.

De telles alertes ont l'effet d'une bombe et c'est la société (nationale ou internationale) toute entière qui en est informée. C'est cette alerte qui va animer, au moins pendant quelques jours, les débats et les discussions dans les cercles privés et jusque dans les sphères du pouvoir, étant devenue trop évidente pour être réfutée. Ceci jusqu'à ce que l'émotion redescende et qu'une autre affaire surgisse. Mais à ce niveau national, l'alerte va nécessairement induire des réactions et/ou des réflexions, à des échelons différents et par des groupes différents. Dans le cas le moindre, l'alerte aura réussi à réveiller la conscience de nombreux citoyens et groupes d'individus (toutes origines et milieux confondus, politique, culturel, banlieue, centre villes, campagnes, *traders,* étudiants...). Dans un cas plus préférable, l'alerte aura provoqué un réel changement dans la société, en créant ou en modifiant une loi ou une réglementation qui protégera peut-être et améliorera de manière durable la société démocratique.

Le lanceur d'alerte appartient à une nouvelle ère qui est celle de la transparence. Il fonctionne à l'instar d'une publicité en dévoilant sous les projecteurs une information que nulle ne pourra désormais nier. D'après les propres mots d'Emmanuel Kant : "Cette publicité assure la concordance entre la politique et la morale et permet de contrôler rationnellement l'action politique [dès lors que tout ce qui ne peut être soumis à la transparence n'est pas moral][112]." Il empêche ou essaie du moins de limiter l'application de lois et des décisions immorales, car une fois rendues publique, celles-ci seraient soumises à une trop forte contestation.

II-Vers une reconnaissance européenne et internationale

La nécessité de définir un statut qui dépasse la simple enceinte nationale mène à des délibérations juridiques délicates. Des textes qui comblent le vide légal au niveau mondial mais qui se heurtent aux représentations du droit dans les États-souverains. Ces derniers s'étant approprié l'outil juridique à des fins différentes de la justice universelle.

[112]Mathieu Disant, LGDJ, extrait de l'Appendice II de *Vers la paix perpétuelle*, de Kant, Garnier-Flammarion, 1991, p.124, p.11

A- La nouvelle directive européenne de 2019

1-Contenu et descriptif

Le 16 avril 2019 a été adoptée la *nouvelle directive pour la protection des lanceurs d'alerte* par le Parlement européen à 591 voix pour et 29 contre, plus 33 abstentions. Ce texte avait été attendu par une grande partie de la société civile depuis plusieurs années, où l'intensification des activités de lobbying et de pressions de la part des ONG s'était fait remarquée. Déjà décrite comme novatrice, la loi rabaisse certains critères d'acceptation, comme le type d'organisme concerné, et élargit les possibilités d'application. L'obligation d'installer un dispositif interne est par exemple valable pour toutes les entreprises d'au moins 50 employés et les municipalités d'au moins 10000 habitants. Ce qui laisse présager une modification à la baisse pour la loi Sapin II ? Afin de bénéficier d'une protection, le lanceur d'alerte doit remplir certaines conditions. Son acte ne doit viser que les "violations de droits relevant de l'Union européenne : services financiers, marchés publics, environnement mais aussi de "nombreux domaines y compris la sécurité des denrées et produits alimentaires, la protection des données, l'impôt sur les sociétés, le blanchiment de capitaux, la protection des intérêts financiers de l'Union européenne, [...] et la sûreté nucléaire[113]."

Le projet de cette directive européenne avait été déposé en 2016 pour un début des travaux en 2018. Il constituait une forme de synthèse des lois nationales existantes[114]. Impulsé entre autre par les députés écologistes européens (Alliance libre européenne, ALE), la France s'est aussi particulièrement investie dans ces travaux et beaucoup de ses eurodéputés ont pu

---

[113]Les lanceurs d'alerte bientôt mieux protégés par la législation européenne, Vie publique, 18 avril 2019. https://www.vie-publique.fr/en-bref/22000-lanceurs-dalerte-bientot-mieux-proteges-par-la-legislation-europeen

[114]"Seuls dix pays à ce jour (France, Hongrie, Irlande, Italie, Lituanie, Malte, Pays-Bas, Slovaquie, Suède et Royaume-Uni) ont défini, dans leur droit national, un statut spécifique pour protéger les personnes qui dénoncent les activités illégales dont elles sont témoins à leur lieu de travail." *Ibid*.

faire part de leur vision quant à une protection européenne des lanceurs d'alerte. Sans doute poussée par son aptitude novatrice et sa volonté de rester chef de fil du continent, la France a adopté la loi Sapin II juste avant le début des débats à l'échelon européen. Cela lui permettant d'influencer les orientations que devait prendre le futur texte. Une touche française donc dans le projet de loi européen bien que celui-ci soit allé plus loin en matière d'assouplissements. Ainsi est-il toujours fait part de la nécessité de montrer sa "bonne foi" mais la condition "d'acte désintéressé" n'est pas évoquée. De plus la procédure de recueil de l'alerte y est plus souple qu'en droit français et n'impose pas les trois niveaux de contrôle. Ce point est d'une importance grande car il facilite la possibilité pour les lanceurs d'alerte de se tourner auprès des autorités les plus efficaces sans avoir à attendre l'aval de l'autorité interne, risquant alors de retarder le processus de l'alerte voire de l'entériner.

Cependant "l'alerte au public" n'est protégée par la loi européenne que si les alertes précédentes auprès des autorités concernées n'ont pas fait l'objet de réponse de leur part. Ce point est aussi un peu flou car il ne précise pas la nature de la réponse ni le délai d'attente avant de pouvoir en informer le public, demandant des "éléments raisonnables".

Une autre progression par rapport à ce qui existe dans les législations nationales européennes est l'élargissement des personnes concernées par la loi [115]. Non seulement les travailleurs mais aussi les "actionnaires, les anciens travailleurs et les personnes travaillant pour des contractants, des sous-traitants et des fournisseurs" et les bénévoles pourront obtenir une protection européenne. De même l'article 2 prévoit la protection des personnes, tiers, collègues, proches, ayant aidé le lanceur d'alerte. En les sortant de l'isolement, l'article encourage de cette manière les acteurs à entamer des démarches qu'ils n'auraient pas osé faire autrement. Cet amendement a été vivement critiqué par la France, l'Allemagne et l'Italie qui y

[115]Elargissement qui a été demandé par les ONG.

voient une menace d'intelligence économique, "voire de délation vengeresse[116]".

Enfin, par cette nouvelle loi, les lanceurs d'alerte bénéficieront aussi du "renversement de la charge de la preuve". S'ils sont victimes d'un licenciement ou de représailles quelconques, l'employeur devra démontrer que cela n'a pas de lien direct avec les faits dénoncés par l'auteur.

Critiques

Deux questions peuvent tout de fois être légitimement posées. Laquelle des deux lois, européenne ou nationale fera figure d'autorité ? Bien que le Parlement européen soit capable d'imposer le droit aux États membres, si leur souveraineté ou les intérêts sont menacés (secret professionnel ou de défense nationale), ceux-ci accepteront difficilement de se soumettre à la directive européenne. Qu'attendre alors d'une "protection européenne" si l'État mis en cause refuse de protéger ce nouveau lanceur d'alerte ? Edward Snowden, s'il avait été citoyen européen, aurait certainement dû fuir et trouver asile politique comme il l'a fait en Russie. Du fait de l'impact conséquent des informations divulguées touchant à la sécurité et à la défense nationale, il est légitime de s'interroger sur la volonté des gouvernements à assumer des responsabilités au départ cachées à leurs citoyens. Interrogation donc sur l'éventuelle reconnaissance de la part d'un pays européen des fautes et des pratiques de surveillance systématique de sa population qui précèderaient à une protection et un dédommagement de l'auteur de l'alerte. En pratique, la Cour européenne aurait bien du mal à protéger l'individu sur le territoire de Schengen.

Ainsi l'article 14 demandant aux États un soutien juridique, psychologique et financier se voit difficilement applicable. Une telle proposition avait initialement été prévue par la loi Sapin II

---

[116]Eric A. Caprioli, avocat à la Cour de Paris, Docteur en droit, membre de la délégation française aux Nations Unies, Société d'avocats membre du réseau Jurisdéfi, Usine-digitale, 10 avril 2019.

avant d'être écartée sous prétexte que cela ne relevait pas des prérogatives du Conseil constitutionnel.

Deuxièmement il est aussi question de savoir laquelle des lois, celle relative à la protection des lanceurs d'alerte ou celle relative au secret des affaires, prévaudra dans les affaires à venir. Selon la directive de 2016, " Antoine Deltour n'obtiendrait que difficilement la protection puisque le système d'optimisation fiscale dénoncé par celui-ci n'était pas en tant que tel un fait fautif ou illégal au moment où celui-ci avait lancé l'alerte[117]".

2-Concurrence avec les lois nationales et débats

Les juridictions sont bien inégales d'un pays à l'autre. La Corée du Sud "punit de trois ans, et l'Australie de six mois, la divulgation du nom d'un lanceur d'alerte anonyme[118]". Le Code pénal au Canada, (section 425.1) "criminalise la vengeance contre un salarié qui fournit des informations sur un crime[119]". Si chacune des lois nationales européennes va devoir faire l'objet d'une transposition en droit de la directive européenne, la marge d'interprétation et leur application demeurent de la souveraineté des nations. Les conditions pour la reconnaissance du statut de lanceur d'alerte ne sont pas les mêmes en Suède qu'en Allemagne, en Italie ou au Japon qui exigent un caractère exemplaire du citoyen.

Toutes les excuses sont prises pour éviter aux individus de se voir accorder un statut qui donnerait raison à leur action de l'alerte. Il est évident qu'un citoyen irréprochable -en plus d'une entente trop théorique et partiale du mot, le sens divergent selon la morale et les valeurs de chaque individu - est difficile à trouver et à juger. Attendre d'une personne la perfection dans ses actes et paroles sans lui accorder le droit à l'erreur -droit dont bénéficient largement les hommes politiques et les administrations et ordre juridique - est une hypocrisie alarmante qui ne vise qu'à garder la population et les citoyens

---

117 Mathieu Disant, *Op cit*, p.114-115.

118 *Ibid.*, p.40.

119 *Ibidem.*

avertis et attentifs dans l'inertie la plus complète, les empêchant de prendre part aux fonctionnements des structures et institutions politiques et publiques, alors qu'ils en sont les supposés décideurs ; les citoyens employant d'autres citoyens pour la réalisation de la vie de la cité. On retrouve ici encore une fois cet "idéal de pureté[120]" dont n'arrivent pas à s'éloigner les responsables de chaque État encore trop imprégnés des valeurs universelles et à la fois révolutionnaires enseignées par des philosophes issus d'une autre période ; une période où la recherche d'un changement drastique de paradigme du pouvoir et de l'autorité se faisait pressant. C'est ici que l'on passe d'un système où un seul individu incarnait l'autorité venant de Dieu et concentrait à lui-même ou avec quelques-uns le pouvoir, à un système où une assemblée d'individus réunis autour d'un représentant, (choisi par la foule parmi un choix restreint de candidats éligibles) usait du pouvoir et de l'autorité sans plus grande distinction éclairante quant au rôle et à la place de chacun. Cette période qui signe la fin d'une ère, voire peu à peu d'une civilisation, pour en ériger une nouvelle de toutes pièces. Une expérience donc où toutes les idées et valeurs absolues avaient et devaient avoir lieu pour guider la direction d'un tel projet démocratique. Or, cette transition n'est plus et l'on continue à s'accrocher à des mots dont l'origine était de servir de repères. Des mots aujourd'hui tournés en un idéal suprême. Un idéal irréalisable. Et cela, les élites juridiques, politiques, ou financières, le savent parfaitement si elles ne sont pas simplement victimes de cet aveuglement idéologique et de surcroît révolutionnaire. Un lanceur d'alerte n'a aucune chance.

Encore trop récente pour être discutée, le recours à la directive européenne dans les prochaines années est à observer avec attention. C'est dans les prochaines affaires que le débat sur la concurrence et la souveraineté des nations se dessinera réellement. Bien qu'il est à attendre une mainmise des États sur leur système de lois, les appels auprès des instances européennes par les particuliers se feront certainement plus fréquents.

[120] *Ibid.*, p.39.

3-Inefficacité des lois

L'inefficacité des lois provient bien des interprétations qui en sont faites par les acteurs mais aussi de l'imbrication confuse des multiples textes votés dans chaque pays selon des intérêts divergents.

Avec les lois américaines en effet, est venu se poser la *problématique de l'extraterritorialité du droit.* La *loi Sarbanes-Oxley* de 2002, loi de sécurité financière qui impose aux entreprises dotées d'un chiffre d'affaire de 2,5 millions de dollars annuel, de faire appel à des sociétés d'audits pour s'assurer de la conformité des procédures. L'interdiction également de contacter ces mêmes sociétés d'audit et de conseil par une même entreprise et la responsabilité pénale des directeurs financiers et des PDG par la signature, obligatoire, de tous les comptes et rapports financiers au sein des entreprises. Ces règles viennent s'imposer subitement aux entreprises européennes et à toutes les compagnies enregistrées au *New York stock Exchange*. En 2018 c'est le *Cloud Act*, une loi de surveillance des données personnelles qui est votée. Les autorités américaines pouvant contraindre les serveurs à délivrer des informations sur les utilisateurs, américains ou étrangers, selon un prétexte sécuritaire qui n'est même plus systématiquement évoqué.

Dans toutes ces lois nationales, une notion s'impose, celle de l'éthique. À entendre comme une morale professionnelle qui "défend les valeurs appliquées à une activité[121]". Or les valeurs défendues font souvent abstraction de la morale en ne retenant que le but ultime des lois mises en place, la traque à la corruption financière et l'assainissement de la vie politique.

L'affaire en France de la fusion d'*Alstom* avec *General Electric* démontre bien la vulnérabilité des gouvernements face aux intérêts économiques et financiers mis en jeu contre des intérêts de souveraineté et de puissance des nations. Une vulnérabilité survenue du droit. Ceci par l'activité d'acteurs non étatiques soutenus en partie par leurs gouvernements. C'est le cas des firmes internationales comme les GAFAM aux

---

121 *Op cit*, p.19.

États-Unis ; Amazon et Google jouissent de législations et d'une protection fructueuses pour leur implantation dans les économies nationales, que ce soit en Europe ou en Amérique[122]. Une véritable guerre économique dont l'Europe semble n'avoir pris conscience que tardivement et qui peine à réagir face aux offensives américaines. Outre Alstom, c'est aussi la Société générale, *Technip* ou *British aerospace* qui ont été victimes du droit américain. Face à cette nouvelle réalité, les législations se sont dotées de textes visant à protéger leurs ressortissants nationaux notamment par le rapatriement de leurs entreprises ou des individus impliqués dans des affaires de corruption. Le but étant de les faire juger en interne et non par une puissance étrangère, les États-Unis, par le biais de leurs lois extraterritoriales comme le FCPA. Une personne ne pouvant pas être jugée deux fois pour un même crime.

Le Royaume-Uni a ainsi réagi plus tôt que la France en élaborant en *2010 le UK Bribery Act* qui répond directement aux directives des lois américaines. Stricte, elle vise même la prévention à la corruption par les entreprises, une nouveauté détaillée dans sa section 7 "*Failure to prevent Brivery*". Une innovation dans le droit qui va toujours plus loin dans la répression aux fraudes, elle fait également part d'une application extraterritoriale. Sont concernées tous les acteurs faisant affaire avec des entreprises du Royaume-Uni et les actions commises en dehors du sol britannique. En France la loi Sapin II avait elle-aussi volonté de répondre aux textes d'outre-Atlantique par son article 17 qui inscrit un "*programme de conformité*" au *principe de non-corruption.* Les sociétés dont le siège est basé en France ou qui comptent un minimum

---

[122]C'est en 2017 que la Commission européenne a finalement sanctionné la plateforme mondiale Google d'une première amende de 4,34 milliards d'euros alors que cette dernière est toujours exemptée d'impôts nationaux et européens. Le serveur est accusé de fraudes à la concurrence, d'activités illégales avec des "pressions contractuelles anticoncurrentielles aux sites webs tiers", de clauses d'exclusivité dans des contrats de publicité et d'autres pratiques déloyales. Une autre amende a été édictée en 2018 puis en 2019. Ces amendes devant soutenir la "charge fiscale des particuliers" dans l'Union européenne. Bien entendu Google a lancé des recours pour les trois amendes pour tenter de les annuler ou de les diminuer.

de 500 salariés et 100 millions d'euros de chiffre d'affaire, doivent se soumettre aux conditions légales de contrôle interne. Huit mesures sont affichées. Il s'agit avant tout de procédures à mettre en place au sein des sociétés (évaluation des risques, codes de conduite, dispositifs de formation pour les personnes exposées aux cas de corruption ou trafic d'influence, procédures d'alertes...). Par cette loi, l'agence française anticorruption (AFA) a été érigée en organe responsable de l'application des mesures et de contrôle. En réalité la section 17 n'est pas aussi restrictive que les textes précités, l'AFA ne faisant pas figure d'autorité sur la scène internationale. A l'étranger ce sont le *Department of Justice (DoJ)* américain ou le *Serious Fraud Office* (SFO) britannique qui exercent un droit de contrôle et de poursuite des activités des entreprises sur leur territoire comme à l'étranger. Enfin ces derniers peuvent très bien attaquer des entreprises placées sous le contrôle de l'AFA pour des mêmes raisons. Les *imbrications des lois et des autorités* judiciaires et administratives risquent de miner les droits nationaux qui tendraient par ce biais à disparaître au profit d'un droit encore plus internationalisé.

Le cas de la fusion d'Alstom avec le géant américain General Electric

En 2013, Frédéric Pierucci, alors cadre chez Alstom, était arrêté lors d'un transit à l'aéroport John F. Kennedy à New York. Il a été enfermé pendant quatorze mois dans une prison hautement sécurisée de Rhode Island sans jugement, accusé de faits de corruption qui dataient de 2002 à 2009 alors qu'il était responsable de la filiale chaudières de Alstom en Asie. Le procureur américain lui reprochait de ne pas avoir empêché le versement de de pots de vins à des politiques indonésiens alors qu'il était en fonction. Ne voulant pas réitérer l'erreur du relâchement sous caution de DSK qui a ainsi pu échapper à la prison américaine, l'ancien cadre de chez Alstom a dû plaider coupable pour bénéficier d'une réduction de peine, toujours sans avoir été jugé. Lors de sa détention, il a pu monter un dossier d'investigation pour comprendre les raisons de son emprisonnement et de l'abandon du gouvernement français. La firme stratégique française était alors en pleine négociation pour fusionner avec le groupe allemand *Siemens*. À sa libération, c'est la société américaine, *General Electric* qui rachetait la firme française, abandonnant ainsi une part de souveraineté sur son énergie. La France doit désormais demander l'accord des États-Unis pour l'exportation ou l'envoi de pièces ou de réparation de ses centrales nucléaires[123]. Une forfaiture d'un État qui non seulement a délaissé un de ses citoyens dans une prison étrangère mais qui a *failli à sa tâche régalienne de justice et de sécurité* envers ses citoyens. Le secteur de l'énergie comme le secteur de la défense étant deux facettes du pouvoir régalien.

Lors de son retour en France, le pays a également refusé de juger l'ancien cadre, l'obligeant de cette façon à garder le silence sur l'affaire de corruption mais surtout sur les conditions de la vente d'une grande entreprise stratégique française à un groupe américain. Ce n'est que trois ans plus tard, en 2017 que M. Pierucci a été jugé et condamné une nouvelle fois à douze mois de prison, qu'il a dû effectuer aux États-Unis. Ces derniers ont *négligé les accords internationaux* en refusant son transfert dans une prison française comme institué en droit. La France venait à cette époque d'ouvrir une commission d'enquête parlementaire dans laquelle il devait témoigner. Il ne fut transféré qu'un mois avant la fin de sa peine.

Tout ceci a été réalisé sous le coup de la loi américaine devenue extraterritoriale en 1998, le *Foreign Corruption Practices Act* (FCPA). Cette loi permet de traquer les malversations d'entreprises partout dans le monde à partir du moment où elles sont cotées à Wall Street ou que les transactions empruntent les flux financiers américains, le dollar. Pourtant, depuis sa promulgation en 197,7 aucune entreprise américaine n'aurait, selon le tribunal du Connecticut, était jugée pour fait de corruption sur les marchés internationaux[124].

[123]Alstom fournissait des turbines pour les centrales nucléaires françaises.

[124]C'est en tout cas ce que le procureur américain chargé d'inculper l'ancien cadre français Frédéric Pierucci a expliqué à ce dernier pour justifier le refus d'une libération sous caution. "Frédéric Pierucci. Alstom, la France vendue à la découpe ?", Thinkerview, 8 juillet 2019.

L'arrestation de M. Pierucci serait donc une première et un exemple devait être fait. Dans le même cadre, la loi du *Patriot Act de 2001* contre le terrorisme a aussi velléité à l'extraterritorialité. Elle a instauré ce qui a suscité les alertes de Snowden, l'espionnage massif des entreprises et des responsables européens. Toutes les entreprises faisant un chiffre d'affaire égal et supérieur à 200 mille dollars annuels seraient sujettes à la surveillance des agences américaines. L'Europe est particulièrement visée par ces actes car elle rassemble encore des grandes industries qui exercent une concurrence directe sur celles américaines.

Face à ce qui se révèle être une *guerre économique,* le droit est devenu l'outil de justification à toutes les actions et détournements financiers et économiques réalisés sous l'aval des gouvernements. Le droit, arme redoutable dans la course frénétique à l'argent et à l'influence. Une arme qui permet tout et son contraire et dont le langage pointu et les connotations d'idéaux moraux-démocratiques permettent de faire perdre aux citoyens la foi en les institutions. La notion de bonne foi, "idéal rousseauiste de "pureté des cœurs" guidés par des intentions moralement irréprochables n'a nullement sa place dans les lois anticorruptions qui opèrent essentiellement dans ce contexte de guerre économique. Et les réformes nationales pour plus de transparence dans la vie publique ou de solidarité parmi les citoyens, par la promotion de valeurs idéalistes inscrites sur papier, n'ont d'autres fins que celles de berner les électeurs dans la purgation d'un système qui ne vit qu'entre les lignes. Ou bien sont-elles un réel souci de la réalisation démocratique harmonieuse de la part de gouvernements qui afficheraient alors une bien grande naïveté quant à l'usage du droit sur la scène internationale, où les puissances de Hobbes et de Machiavel n'ont pas tout à fait disparu. Le paradigme changeant de la modernité, s'il inscrit les nations dans l'effacement de l'affrontement et de la soumission militaire directe, n'a de cesse

---

https://www.thinkerview.com/frederic-pierucci-alstom-la-france-vendue-a-la-decoupe/

de renforcer les incises financières, alors bien plus violentes et redoutables que ne l'étaient le canon et la baïonnette.

B- Les débats sur la scène internationale

1-Les conventions internationales

S'il y avait une vraie volonté de définir et protéger ces auteurs encore que partiellement reconnus comme ayant un rôle dans la vie et le maintien démocratique, les multiples définitions proposées, éparses, auraient déjà fait l'objet d'une consultation juridique à un niveau supranational. Ceci afin de permettre l'homogénéisation du statut des lanceurs d'alerte et la création d'un cadre juridique légal reconnu par et pour tous les acteurs au-delà des simples frontières. Or, une crainte tout à fait légitime réside dans l'absence et la confusion générale d'un statut et d'un cadre commun : celle de la perte progressive de souveraineté nationale et de marge de manœuvre des États et gouvernements nationaux, déjà embarrassés pour certains des obligations et restrictions établies par les traités et organisations supranationaux existants. Le cas le plus proche et aussi le plus flagrant est celui du Brexit, réalisé sous l'exaspération des règles drastiques que l'Union européenne impose en matière de budget et de finances des politiques aux pays membres. Mais aussi les recours réguliers aux tribunaux internationaux comme la Cour de justice de l'Union européenne, la cour européenne des droits de l'homme ou encore dans un autre domaine l'UNESCO, quitté récemment par les États-Unis.

L'ajout ici d'une notion morale pour venir compléter la définition du lanceur d'alerte risquerait de se limiter encore à une seule ambition universelle et idéologique qui ne saurait être entendue de la même façon par tous, ni même acceptée comme appartenant au vocabulaire juridique d'un statut jeune et fragile.

Deux conventions à caractère semi-universel : l'ONU et l'Europe

Depuis le 31 octobre 2003, suite à la *résolution 58/4 de l'Assemblé générale de l'ONU*, la protection des lanceurs d'alerte est reconnue dans la législation internationale. Bien que les termes "lanceur d'alerte" ou "*whistleblower*" ne soient pas employés c'est le principe de protection des témoins et des sources qui y est mis en avant. Les Nations unies adoptaient en effet une Convention contre la corruption (*Convention against Corruption*) qui a été signée par 140 nations et ratifiée par 137 dont les États-Unis. Les articles 32 et 33 de cette convention onusienne condamnent toutes formes de représailles à l'attention des "témoins et experts" qui "déposent concernant des infractions établies" mais également leurs proches et leur famille si besoin est. Une protection qui est, sur le papier, plus large que celle accordée aux lanceurs d'alerte par les lois nationales existantes. Et pour faire face à l'enjeu de procédures complexes de création de l'alerte auprès de l'organe compétent, l'acteur dépositaire peut avoir recours à l'outil numérique. "A prévoir des règles de preuve qui permettent aux témoins et experts de déposer d'une manière qui garantisse leur sécurité, notamment à les autoriser à déposer en recourant à des techniques de communication tels que les liaisons vidéo ou à d'autres moyens adéquats[125]. " La technique mise au service des citoyens afin de surmonter l'obstacle de la globalité, des frontières juridiques, administratives et des procédures qui diffèrent selon les pays. Sur la scène internationale, ce texte est le tout premier à légaliser la protection de ces acteurs et à inscrire la lutte à la corruption et autres crimes économiques dans une convention à caractère contraignant et non de simple persuasion. Il institue ainsi des mesures de prévention à la corruption que chaque Etat doit mettre en place et faire respecter dans sa juridiction. Il y est aussi fait état du partenariat des États entre eux dans la protection qui doit être accordée aux individus, envisageant ainsi l'asile politique[126].

---

[125] Convention des Nations unies contre la corruption, article 32 "Protection des témoins, des experts et des victimes".https://www.legifrance.gouv.fr/affichTexteArticle.do?idArticle=JORFARTI000002074567&cidTexte=JORFTEXT000000638345&categorieLien=id

[126]La Fédération de Russie qui l'a ratifié en 2006 a accordé l'asile politique à Edward Snowden. Mais un asile de fait et non appliqué en conformité à la loi.

La Convention ajoute cependant à l'article 33 la condition qui fait débat au sein des lois nationales car il pose la limite de leur application. La protection est effectivement reconnue pour "toute personne qui signale aux autorités compétentes, de bonne foi et sur la base de soupçons raisonnables" les faits "d'infractions établies conformément à la présente Convention[127]." Mais la limite majeure à l'application de ce traité est sans doute la transmission de l'alerte qui doit être effectuée selon les dispositifs en vigueur dans le pays dont dépend le citoyen. Des dispositifs qui diffèrent et qui sont donc inégaux selon les nations. Une alerte pourrait ne jamais voir le jour dans un pays alors qu'elle serait considérée légitime dans un autre. Le paragraphe qui prévoit le dépassement de cet impératif par la procédure numérique s'en voit difficilement réalisable.

En 1999, le Conseil de l'Europe avait ratifié sa propre Convention contre la corruption (*Civil Law Convention On Corruption*). La convention fait figure d'autorité dans la plupart des pays européens et agit dans le "domaine du droit civil et de la corruption". Son article 9 spécifie que les gouvernements européens (en plus de leurs lois nationales) doivent accorder une "protection appropriée" aux les salariés lanceurs d'alertes. Les moyens sont laissés libres à chaque État de mettre en place des dispositifs selon leurs situations particulières. Le respect des mises en œuvre est pris en charge par un Groupe d'États contre la corruption (GRECO) qui contient 48 membres européens plus les États-Unis. L'OCDE et l'ONU y sont aussi membres observateurs. Son fonctionnement repose sur un "processus dynamique d'évaluation et de pression mutuelles par les pairs[128]".

Or, ces traités internationaux ont toujours du mal à s'imposer à la volonté des États qui restent libres de choisir des

[127]Article 25 " Entrave au bon fonctionnement de la justice", *ibidem*.

[128]https://www.coe.int/fr/web/greco/about-greco/how-does-greco-work

moyens les mieux adaptés pour l'application de règles certes contraignantes mais facilement contournables. Les États-nations demeurent encore souverains sur leur territoire et seul le problème de l'imbrication des lois au niveau mondial affecte de manière profonde leur système de justice et de garantie sécuritaire envers leurs citoyens. De plus, l'alerte internationale n'est pas un acte anodin. Elle est plus difficile à lancer qu'une alerte nationale, car elle doit suivre une procédure plus stricte comprenant la cyber sécurité et des rapports électroniques. D'où la nécessité d'organe d'aide à la logistique et de conseil à la disposition des acteurs.

2-Les ONG

Les organisations non-gouvernementales (ONG) sont très présentes dans les débats autour des nouvelles législations. Elles ont été particulièrement actives dans la rédaction de la directive de l'union européenne de 2019[129] et des lois nationales pour la protection des lanceurs d'alerte.

Transparency International est sûrement l'ONG la plus effective mondialement dans les domaines de l'alerte et des libertés d'expression et de communication. Elle a été à l'initiative des *Guides pratiques pour les lanceurs d'alerte* où sont clairement résumés les définitions, les conditions et catégories ainsi que les outils mis à la disposition des citoyens dans leur pays. Son action englobe principalement la promotion des droits et le conseil d'application des lois en vigueur mais la part du lobby est aussi non négligeable dans les changements politiques qui s'opèrent. Elle offre en plus un rapport annuel global sur la corruption. Référence donc mais d'une portée tout de même limitée par sa nature, l'absence d'autorité contraignante et de centralisation de l'écoute par le public.

En France, l'organisation a été sollicitée par le gouvernement en 2017 pour écrire des recommandations visant

[129]On compte environ quatre-vingt ONG qui ont travaillé en amont auprès des instances européennes pour poser les critères et les prérequis nécessaires à la loi.

à retrouver la "*confiance dans l'action politique* [130] ". Recommandations qui auraient été suivies par le président Emmanuel Macron dans les deux lois, organique n°2017-1338 et ordinaire n°2017-1339 promulguées le 15 septembre. Dans les mesures retenues, la "conformité fiscale pour les parlementaires", "l'interdiction des emplois familiaux dans les cabinets politiques[131]" et "le renforcement de l'encadrement des activités de conseil des parlementaires". Des avancées certes, mais qui ne s'attaquent pas directement aux problèmes car elles ne visent qu'à rendre plus transparentes des pratiques déjà plus ou moins publiques quand les actions d'influence et de lobbying n'y sont pas enregistrées. Ce que Transparancy regrette et pas seulement en France. Une efficacité de demi-mesure.

Derrière elle, se sont montées de nombreuses associations et organisations œuvrant pour les mêmes causes citoyennes.

Nothing2Hide, une structure associative française qui propose des formations de recherches et de cryptage des données afin de protéger la transmission d'informations. Elle s'adresse aux journalistes, lanceurs d'alerte, militants et tous les citoyens qui voudraient protéger leurs informations par la sécurité numérique. Une autre ONG *GlobalLeaks* d'origine italienne qui offre une plate-forme internet sur laquelle tout individu peut déposer de façon sécurisée et anonyme une alerte par un logiciel de cryptage des données. Le logiciel a été traduit en vingt-deux langues. Un exemple, en Indonésie où plusieurs associations de journalistes pour l'indépendance et une meilleure investigation ont collaboré à travers la plate-forme italienne. Grâce à l'anonymat, des individus ont envoyé en 2017 des informations reprises dans leur enquête par les journalistes. Après constitution d'un dossier, un chef de la police indonésienne a pu être arrêté pour des faits de corruption cachés par des collègues policiers[132].

---

[130]"Lois pour la confiance dans l'action politique", Transparancy Internation France. https://transparency-france.org/renforcer-notre-democratie/suivi-legislatif/lois-pour-la-confiance-dans-la-vie-politique/#.Xc2CfFdKjlU

[131]*Ibidem.*

[132]Scilla Alecci, *Whistleblowers ,covering Suharto and making stories "bullet proof" : Meet Wahyu Dhyatmika,* International Consortium of Investigative

Dans le domaine du nucléaire, *Greenpeace* est également très présent dans la défense des droits à l'information et de l'environnement. L'organisation incarne certaines des mêmes prérogatives que celles des lanceurs d'alerte, elle recourt notamment à l'activité de veille, semblable à celle que pratiquent des entreprises stratégiques.

Ainsi, les ONG disposent de différents leviers pour incliner les actions des gouvernements. Il y a d'abord le poids des pressions qui sont essentielles car elles permettent le développement de cadres légaux dans chaque pays ou la réalisation des principes de droits de l'homme, comme l'accord de l'asile politique par un État. Ces pressions ont tout de même une efficacité mesurée, les deux cas d'asile connus étant celui de Julian Assange qui était en vérité enfermé dans un consulat avant d'être finalement remis aux autorités[133], puis celui d'Edward Snowden recueilli par la Russie pour des raisons plus politiques qu'éthiques. Le second levier est l'action. En effet, ce sont par des actions concrètes que les ONG participent au renforcement du statut des lanceurs d'alerte dans le monde. Des programmes de formation, d'aides et de coopération en lien avec les différents secteurs concernés par l'alerte. La collaboration entre journalistes et lanceurs d'alertes qui s'avère performante et constructive marque également la distinction un peu floue parfois entre ces deux activités. L'une professionnelle et l'autre spontanée.

Journalists, 10 septembre 2019.
Ihttps://www.icij.org/blog/2019/09/whistleblowers-covering-suharto-and-making-stories-bullet-proof-meet-wahyu-dhyatmika/

[133] L'Equateur a remis le lanceur d'alerte aux autorités britanniques pour être jugé par la Suède pour cas de viol, accusations dont il a été par la suite déchargé. Le pays d'Amérique du Sud gouverné par M.Lenin Moreno est suspecté de vouloir se rapprocher des Etats-Unis et d'être soutenu par le FMI, de qui il aurait reçu une somme considérable pour l'extradition de Julian Assange.

C-Une législation d'affichage : les contradictions internes au droit

Un problème essentiel de la législation et de l'acceptation légitime du statut de lanceur d'alerte vient de cette difficulté de "justifier par le droit la violation du droit[134]". C'est-à-dire de trouver une "compatibilité de la désobéissance civile avec le système juridique[135]". Cela voudrait dire, trouver la faille du système juridique permettant le contournement ou le renversement de l'exception à cette faille.

En pratique c'est la jurisprudence qui vient régler cette question pour juger sur la légitimité, ou la légalité même d'une action. Les États-Unis y ont fortement recours. Or, en France la jurisprudence n'est pas une pratique si commune. Des faits qui ne reposent juridiquement que sur de la jurisprudence et non sur la loi générale ne sauraient avoir le même poids qu'une loi, ni la même légitimité. Le statut des lanceurs d'alerte, dans cet usage, est voué à une fragilité et une inconstance extrêmes dans l'interprétation des textes en vigueur. La jurisprudence rendrait incertaine une protection systématique, car la loi ainsi altérée, c'est la moralité et l'outil de conscience qui seraient à même de justifier toute désobéissance civile. Deux outils sujets à une subjectivité évidente.

Et face à la conscience de l'imperfection des lois existantes et même des projets de lois qui resteraient faillibles - car le fruit d'un travail humain et collectif, travail souvent trop général et théorique pour pouvoir prendre en compte les différents cas de figures, contextes et situations -, l'homme ne cherche pas tant à perfectionner un système en place qui est à peu près maîtrisé, du moins connu, qu'à le contourner.

Le "je" et le "moi" de l'individu ont subverti le droit naturel. En s'accordant par sa propre volonté des droits qu'il juge ou estime "naturels", l'individu a modifié le sens du droit en une chose qui doit être rendue possible à l'homme alors qu'il est normalement une chose possible donnée aux hommes.

134Hannah Arendt, *Du mensonge à la violence*, Agora Pocket, Paris, 2002, *Op cit*, p. 55.
135*Ibidem*.

L'individu s'est approprié des traits du droit naturel, privant les individus de jouir, tous, de ces droits. De là l'impossible résolution de l'incompatible factualité et validité, l'un reposant sur l'autre, c'est-à-dire sur une situation erronée. La démocratie reposant sur ce tel système de droits, la logique post moderne démocratique s'en trouve tout autant erronée.

Résoudre "l'émergence de la légitimité à partir de la légalité", alors que le droit naturel demanderait la voie inverse qui fait reposer la légitimité sur le bon sens, l'ordre naturel, en trouvant par la suite un moyen légal d'instaurer un droit et/ou une loi. Une erreur commune aujourd'hui de s'appuyer sur la légalité pour justifier, c'est-à-dire, légitimer des droits qui s'inscrivent, de justesse ou non, dans cette légalité mais qui n'ont rien de normalement légitime. Leur seule légitimité étant d'être légale. La confusion de ces deux termes, on le voit bien, impose une approche vacillante d'un système de droits qui s'en trouve corrompu entre les faits et les volontés des acteurs de droits dont l'intérêt n'est ni la légalité ni la légitimité mais la possibilité. Pouvoir mener son intérêt à bien en se servant du facteur légal, qui, ainsi usé, permet "l'émergence de la légitimité à partir de la légalité" quand bien même celle-ci n'a rien de "normalement légale", ayant été détournée à des fins autres. Le travail de n'importe quel lanceur d'alerte se heurte ainsi à une pyramide de droits dont l'origine ou l'intention masquée rend difficile autant la légitimité que la légalité de son action. D'autant plus quand le système de droit rend possible et légal des faits et des pratiques issus de ce même système que l'Autorité et ses citoyens s'occupent à conserver.

Le problème qui survient avec l'arrivée des lanceurs d'alerte sur la scène sociale est donc plus grand que le simple acte de la dénonciation. Il fait apparaître une hérésie du droit qui fait partie entière de la nature humaine avec la loi du plus fort comparable à la vision de Hobbes et du Léviathan. Et ce Léviathan n'est pas un homme despotique mais le droit élevé au rang de tyran. Un droit qui puise ses racines dans la philosophie et les sciences humaines exigerait un changement radical de la nature humaine avant d'être renversé. Il n'est pas envisageable dans ces conditions qu'un individu, même soutenu par une majorité, puisse renverser un tel système.

Plus aucune législation ne saurait trouver un accueil légitime et ouvert, les origines de toutes choses et du droit ont été secouées par les principes d'autonomie individuelle (volonté autonome) et de libre-arbitre qui ont cassé l'universalité du droit naturel et de ses valeurs communes. Les nouveaux principes généraux se heurteront donc en permanence aux volontés des États comme des individus. Le droit n'existe plus que pour être contredit ou réinterprété. Et la liberté aussi. Celle des lanceurs d'alerte n'a pas plus de légitimité, elle est nouvelle et suscite de l'intérêt et de la curiosité, puis le débat sur sa légalité épuisera les bords de chaque côté, et l'intérêt de ce statut particulier rejoindra celui de son adversaire, l'acteur qui, lui, jure par le secret.

De plus, avec l'esprit hérité cartésien qui compartimente et divise les domaines, les sciences, les fonctions, les pouvoirs, les autorités ou encore les responsabilités, les sociétés modernes sont aujourd'hui organisées de telle sorte que les acteurs disposant de l'autorité ne sont pas subordonnés aux mêmes droits que les acteurs destinataires, les citoyens, et ne se basent pas non plus sur les mêmes interprétations de ce système de droits. La division entre acteurs et destinataires s'est faite immense et nuit maintenant à toute harmonisation du droit. Le pouvoir a pris le dessus sur l'autorité, tentant de s'approprier ses compétences et laissant place à la confusion des acteurs et des rôles (institutions), par écoulement des concepts et des définitions eux-mêmes. Ceci ayant pour conséquence première l'instabilité, le désordre politique et juridique ; d'où les dérives dénoncées qui sont devenues inhérentes à cette confusion des rôles, puis l'éloignement des acteurs du pouvoir et de l'autorité par rapport aux peuples destinataires qui se trouvent privés du pouvoir politique, et même de l'autorité suprême réifiée alors en autorité politique, voire financière, seulement. Des peuples, qui, par la voie de la représentation et donc de la délégation des pouvoirs accordés aux acteurs (dans les systèmes d'une *démocratie moderne délégatrice)*, se sont eux-mêmes privés du spectre politique auquel ils ne participent que sur des domaines précis décidés par les autorités elles-mêmes.

Les lanceurs d'alerte, indirectement, réaffirment la place des citoyens et des droits du peuple sur la place publique et dans la vie politique. Ils opèrent pour la mise en place d'une *démocratie dialogique* où les pouvoirs ne seraient plus entre les mains seules des figures de l'autorité et des acteurs industriels et particuliers (qui concentrent la majeure partie des pouvoirs et des décisions), mais redistribués entre les citoyens qui décident par la suite où placer ces pouvoirs en prenant les décisions **avec les représentants**. Ils opèrent pour le retour de l'harmonisation de l'ordre naturel avec le système de droits positifs modernes dans une société démocratique dé complexifiée.

"Lorsque le souverain n'est plus en mesure de garantir un tel droit, le devoir contractuel s'éteint, et les hommes retombent dans l'état de nature[136]." C'est ce qu'il se passe aujourd'hui. L'État, incapable de prévenir des tueries et la propagation de la peur, génère lui-même ce sentiment d'insécurité qui fait légitimement croire aux citoyens que leur souverain n'est plus en mesure de respecter le contrat social et de répondre de ses devoirs qui sont la protection de la vie de tous les citoyens. À partir d'un tel constat, la crise des institutions, développement naturel de la crise de la souveraineté traversée dans l'ensemble des pays européens, donne raison à une partie des citoyens qui, convaincue de la nullité du contrat qui n'a pas pu être respecté, se voit donner la responsabilité de se protéger elle-même, sans ledit souverain. Rompant donc ce contrat social, temporairement de retour à l'état de nature, l'homme, en une telle situation, ne peut se voir accusé d'agir en tant qu'individu égoïste et non civilisé. Il doit trouver par lui-même le moyen d'éviter le retour à l'état sauvage et à la loi du plus fort tout en faisant respecter les droits démocratiques qui, seuls, permettent la formation d'un nouveau contrat social et d'une nouvelle société démocratique. Ceci passe d'abord par la déconstruction de la figure et du mythe du souverain, et par extension des autorités en place et des institutions corrompues dans ledit

[136]A propos de la faillite de l'Etat dans le maintien en sécurité de sa population, Hauke Brunkhorst, *"Droits de l'homme et souveraineté - un dilemme ?"*, Paris, Trivium, 2009. https://journals.openedition.org/trivium/3358

système, comme créateur et garant de la législation (d'un système de droits qui ne sert plus les intérêts des citoyens, leur sécurité étant mise en cause), puis par la dénonciation, ou la mise en évidence des fautes qui incombent à l'État et aux acteurs associés. Les lanceurs d'alerte, dans une situation d'état d'urgence comme celle connue aujourd'hui sous la menace terroriste et sanitaire, ne sont que les avant-gardes du changement inévitable qui doit s'opérer dans une société démocratique brisée. Ils préparent le terrain à la rupture progressive du contrat social et à la création d'un nouveau contrat qui garantirait à nouveau la sécurité des citoyens et les droits de l'homme et du peuple. Une ambition peut-être utopique mais le projet utopique des droits de l'homme et de la souveraineté du peuple demeurant le seul projet proposé par les citoyens depuis les révolutions du XVIIIe siècle. Une quête que chacun parait déterminé à achever au cours de l'histoire. Celui des lanceurs d'alerte n'est donc pas plus original que celui des premiers républicains ou des régimes parlementaires qui pensaient pouvoir faire respecter la démocratie pour tous. Une illusion qui berce les systèmes et les régimes politiques sur tous les continents, des expériences qui n'ont pas fini de montrer leurs formes, dont la diversité pourtant, ne convainc aucun de son achèvement prochain.

CONCLUSION

LES DANGERS DU MENSONGE : DELIQUESCENCE DE L'AUTORITE ET IMPERATIF D'IRRUPTION DEMOCRATIQUE.

La fonction d'un lanceur d'alerte dans une démocratie, et en particulier dans les régimes contemporains, est donc double. Celle de l'éveil des citoyens et du contrôle de l'appareil autoritaire, dans un but commun d'harmonisation du système sociétal (c'est-à-dire les différents secteurs concernés, économique, financier, politique, etc.). Cette double fonction est progressivement assimilée par les gouvernements avec la création d'un statut exclusif encadré et protégé par le droit. Ainsi, l'existence d'un cadre juridique et d'une application spécifique des règles au sein des entités nationales diverses ne fait plus de doute. Les lanceurs d'alerte font partie désormais des enjeux des États comme des organisations non-gouvernementales, avec une société civile attentive au respect des libertés premières que sont celles de l'expression et de la diffusion de l'information par le citoyen. Pourtant, le recours à l'innovation juridique pour pallier à un ou des défauts du système politique, lui-même perturbé par les réalités économiques et financières dont le poids dépasse largement les impératifs sociaux et individuels, ne peut définitivement effacer les porosités internes au régime démocratique moderne. Le statut juridique ne peut se suffire à lui-même. Il convient ainsi de réinscrire le débat dans la pensée philosophique avec les dernières mutations qu'ont connues les démocraties.

Prémices du mensonge : appréhension de la réalité

Hannah Arendt dans *Du mensonge à la violence* rappelait que le mensonge comme l'imagination en politique est un fait ancien. C'est un usage peu visible sinon indémontrable car il repose sur le consentement généralement partagé entre ses acteurs d'une vision prédéfinie du futur proche.

Par l'imagination, les "agents du mensonge[137]" s'approprient la réalité du monde et de la vie, qui est pour tous inconnue et inquiétante. Et cette peur de l'inconnu peut se traduire jusqu'à l'angoisse de l'affrontement de l'avenir qui va s'abattre à tout instant sur le destin de milliards d'individus, en poussant certains, même sans y trouver un intérêt réel, à avancer tête baissée vers une projection dont ils se convainquent de sa réalisation, même plus, de son inéluctabilité. C'est une forme subtile de fuite de la vérité du monde pour se dissimuler plus confortablement dans le réel social imaginé et encadré par ces personnes, ces "agents du mensonge". Des personnes pour lesquelles la nécessité d'une appréhension certaine de l'avenir proche et lointain vient englober complètement la suprématie normale de la donnée de l'inconnue. Écartant ainsi l'incertain, l'imprévisible qu'il n'est pas bon de garder en politique.

Ce danger vient en partie de la confusion (endoctrinement) que subissent, de manière plus ou moins inconsciente, ces mêmes agents du mensonge. La confusion impliquée de deux mondes superposés, l'imaginaire et le réel pour n'en former plus qu'un. Convaincus de la véracité de leur voie ou perdus dans les engrenages de leurs propres mensonges, la politique leur avait tout permis et elle les a engloutis. Ils se trouvent alors propulsés dans un monde fictif qu'ils ne maîtrisent pas plus efficacement mais suffisamment pour engendrer des dégâts irrémédiables et violents sur tout un territoire et une population. Une population perdue elle aussi entre les jeux de ces multiples agents du spectacle, prise dans les filets des mots et du langage. L'art du langage, voici l'art de la politique.

Mais alors si ces personnes se trouvent convaincues de la véracité de leurs mensonges et des structures qui en ressortent, aucune vérité ne saurait briser leurs illusions pérennes. Un lanceur d'alerte, qu'il soit courageux ou non, s'apprête à affronter des montagnes de vérités cachées. Il va heurter

---

[137]Terme employé par Hannah Arendt qui désigne les différents acteurs de l'arène politique, Op cit,.

violemment les mœurs de ces gens à la conscience jusqu'ici bien tranquille avec un amas de faits qu'ils avaient tous ici choisi d'ignorer.

Si le titre porte bien son nom, *Du mensonge à la violence*, c'est bien que le mensonge dans n'importe quel cas et encore plus dans le règne du politique est l'annonciateur de dérives progressives qui à force vont susciter un remous trop important qui se déversera lui-même par et dans la violence. La violence peut prendre tous types de formes mais elle n'est que rarement bénéfique à un système. Le mensonge qui s'est généralisé et même banalisé dans la vie politique et sociale aurait dû être la sonnette d'alarme d'un monde qui s'effrite peu à peu. Au lieu de cela il n'a fait que se renflouer pour tenter de cacher toujours plus ce fléau peu visible et grandissant. Mentir pour cacher le mensonge, dissimuler les dires et les faits pour préserver la vue. Cet engrenage pervers aura tôt fait de nous engloutir, si justement les lanceurs d'alerte ne parviennent pas à effectuer leur tâche de dévoiler le mensonge, même si celui-ci dérange notre vue.

Suites du mensonge : la distanciation et altération de la réalité

Un autre point important est la supériorité écrasante de l'ordre théorique en général contre celui de la réalité. C'est l'ignorance forcée de tant d'informations et de faits concrets qui ne rentrent plus dans le schéma de pensée établi petit à petit par des structures et ses composants - hommes politiques, système financier, capitalisme - ancrés plutôt dans une forme d'inertie intellectuelle et mécanique. Un amas de principes et d'idéaux constituant les politiques et les visions coutumières qui ne font qu'épaissir l'opacité du monde réel et des informations concrètes, hors système. C'est une vérité négligée voire oubliée tant la recherche d'idées et de leur application sur la sphère du réel a participé à la dissimulation volontaire ou involontaire des facteurs leur donnant tort. C'est-à-dire d'une réalité de second plan, malléable en fonction des intérêts et de la conduite du moment.

"Un comportement comme celui de Socrate, qui s'applique délibérément la loi à soi-même, ne passe plus désormais pour le sommet de la vertu politique, mais pour une bêtise d'un individu qui s'oublie lui-même. Et il n'est plus non plus *dulce et decoram* de mourir pour la patrie. L'intérêt personnel n'est pas moins important que celui de la communauté[138]."À l'heure où le sens du sacrifice et de l'honneur de la patrie ou de la dignité et du droit a disparu, les lanceurs d'alerte sont les dernières traces d'un Socrate prêt à se punir soi-même par cohérence et loyauté au sens moral. Il faut leur reconnaître cette vérité d'un dernier espoir en la démocratie où l'action de chaque citoyen importe. Il est un peu facile en effet de crier au désespoir et d'accabler d'utopistes des individus désireux de rétablir l'ordre prématurément installé, pour appeler ni plus ni moins à l'inertie d'un système amèrement rejeté et poreux en son sein. Il s'agit peut-être bien d'un acte poussé par le désir orgueilleux de gloire ou de revanche personnelle et non d'un acte politique vertueux, mais là l'homme n'est nul pour juger des intentions d'autrui. La justice peut-elle alors s'attarder sur l'action seule et les conséquences qu'elle soulève.

"Soit l'on cherche à atteindre un absolu inaccessible de pureté morale, soit l'on prend en compte la vie pratique et les intérêts individuels en reconnaissant que toute personne agit dans son intérêt personnel, financier ou autres[139]".

(Ré)appropriation du monde par la vertu : confusion des sens et manipulation politique

La notion de *morale* est entrée en politique et a ouvert la page aux jugements, non pas par préoccupations ou réactions à des agissements moralement condamnables et indignes, mais dans le but de pousser une opinion et de former ainsi un fort consentement qui permet l'émergence d'une tendance. En d'autres termes cela s'apparente très fortement à une tentative

[138]Hauke Brunkhorst, *Op cit.*, https://journals.openedition.org/trivium/3358
[139]Mathieu Disant, *Op cit*, p.20.

de manipulation ou de création d'une opinion majoritaire au sein d'un État et de sa société.

Selon Hannah Arendt, la société moderne en particulier, serait victime de la *chute quasi universelle* du "*jugement personnel*" cantonné seulement par l'opinion fragile et superficiel de la majorité. Une majorité confondue à tous les niveaux de société, aussi bien communautaire, national et mondial, qui se satisfait dans l'approbation générale pour émettre des jugements égaux et sans valeur raisonnable sur des faits qui, soit ne les concernent pas ou dont ils ne conçoivent pas les tenants et aboutissants, ni leur ampleur véritable.

Or, en créant une telle *opinion majoritaire*, l'autorité entend priver les individus de leur propre jugement et le remplacer par un autre plus policé et contrôlable. C'est une violation directe de la liberté de conscience et de la conscience personnelle même, qui se trouve ainsi pénétrée par des idées extérieures et se voit imposer une manière de penser étrangère à son for intérieur, sa nature profonde et ses convictions. C'est une manière de vider les individus de ce qui doit leur rester de plus noble et de plus précieux, cette liberté de conscience, particularité propre à l'être humain et une des clés de la dignité humaine.

Ainsi privé de jugement, la masse des individus se risque à adopter les mêmes réactions que les animaux en pleine nature, le mimétisme et l'instinct. Car toujours dotés de l'instinct de survie et de domination, l'individu s'en ira à sa propre préservation (protection et confort) par l'application et la répétition des nouvelles règles établies par la majorité, dans son environnement social, majoritaire donc puissant. Même si au départ, seule une personne ou une institution est responsable d'un tel phénomène, la puissance de ses actions s'est imposée au plus grand nombre, ou dans d'autre cas, a fédéré une minorité puissante qui a su faire plier la majorité plus docile.

On touche ici un des cœurs du problème éthique du monde social et donc politique, la *manipulation* consciente ou non, mais quelque part toujours voulue de la mentalité, donc de l'inconscient des individus par des instruments politiques et/ou sociaux dont les intentions et les buts diffèrent considérablement, sauf celui du contrôle et de la puissance. C'est l'aseptisation de l'esprit, l'effacement du sens critique, l'appauvrissement de la raison humaine et l'entretien des passions sauvages. Elle a donc aussi des limites car les passions ainsi sauvagement libérées peuvent se retourner très vite et sans scrupule sur les maîtres mêmes qui les ont lâchées dans l'arène (une liberté donnée dans un espace fermé et homogène, donc contrôlable). Ces limites peuvent prendre plusieurs formes : manifestations, soulèvements, révolutions, guerres civiles, gilets jaunes...

Ce paysage, qui prend des tournures particulières selon les sociétés, n'est pas nouveau, il fait partie de l'histoire de l'humanité. Ce qui est plus récent en revanche, c'est la promotion de valeurs dites universelles et supérieures, comme la liberté d'expression, au summum de sociétés que rien ne distingue d'avec ses ascendantes, si ce n'est le nombre.

Dans une société telle Athènes ou Rome, où les premières formes de démocratie moderne sont apparues, de mêmes concepts généraux étaient évoqués. Or, ils ne faisaient pas figure de notion universelle et immuable. Les citoyens, qui avaient tous participé à la fondation de ce régime, étaient bien conscients de l'unicité de leur modèle. Une cité dans la cité, préservée par des privilèges que seule une partie minoritaire des individus pouvaient connaître. Pour être reconnu citoyen, il fallait démontrer sa valeur au sein de la société. Une qualité d'homme, celui qui garantissait la sécurité dans son domaine et exerçait l'autorité auprès des siens, une autorité morale et de justice. Aussi celui qui assurait la vie sur ses prochains en créant et en donnant le travail. Des qualités qui limitaient la place des femmes, des enfants, des esclaves et des étrangers dans les rouages de décisions et d'édification de la vie publique. Des privilèges qui faisaient de ces hommes des citoyens partageant des valeurs communes, érigées par eux et pour eux (et respectées par eux).

Toutes ces particularités qui ont fait la grandeur de ces sociétés sont précisément ce qui leur assurait un certain contrôle, une certaine pérennité. Dans les sociétés modernes dites démocratiques, les principes de hiérarchie et de cloisonnement entre citoyens-décideurs et individus-destinataires qui assuraient la stabilité et le fonctionnement du système se sont tout simplement effrités. Ils n'ont en fait même jamais été incorporés au processus d'harmonisation des sociétés. Reprenant des grandes idées, piochées par des penseurs philosophes et réinterprétées hors de leur contexte, les ingénieurs de ces nouvelles formes de démocratie du nombre ont ouvertement nié l'impact des populations et de l'homogénéisation des sociétés dans les réalités fonctionnelles d'une machine républicaine.

L'inadéquation du modèle originel avec le monde moderne

En effet le *nombre est le premier ennemi d'une communauté* (République). Il propage confusion et chaos (indétermination) parmi les hommes. Même organisée, une communauté dense échappe au moins à un contrôle sûr de tous les hommes. Il n'existe qu'une alternative pour pallier à ce manquement de fermeté. L'*exercice du contrôle des consciences par la minorité décisionnaire sur la majorité destinataire*. Et cet exercice a été pensé dès le début des réflexions sur la mise en place des régimes démocratiques. Des régimes parlementaires aux régimes présidentiels. L'évocation de valeurs suprêmes qui se sont imposées progressivement dans les mentalités et à travers les générations, est la clé de cet endoctrinement des consciences. En disposant les esprits à des valeurs qui devaient les réunir dans une direction commune, la démocratie pour tous, les citoyens sont ainsi nés sous un même spectre, celui de l'égalité. Un spectre qui leur a fait abandonner leur vigilance pour *une illusion de la représentation*, et qui leur a fait croire qu'un bien, plus grand que tous les hommes, les unissaient vers un dessein commun. Voici le subterfuge qui a volé une part du libre-arbitre des individus. Soumis à une forme nouvelle d'autorité, certes plus douce mais plus pernicieuse car erronée, une usurpatrice. Une autorité illégitime car subie par les individus et non imposée comme il se pouvait l'être devant l'autorité individuelle du souverain mais qui incarnait une figure acceptée et respectée par tous ses sujets. Une autorité divine ou féroce mais qui avait un nom et une tête. Une autorité qui pouvait être renversée, qui était donc contrôlable dans une certaine mesure. Aujourd'hui l'*autorité* n'a plus de nom, seulement la forme de la soumission qu'elle impose. Elle n'a pas de tête mais de *nombreux tentacules* qui maintiennent leur emprise jusque dans les foyers. Ce sont l'*égalité*, qui impose un respect des conditions de chaque individu entre eux, même avec ceux qui s'arrogent des règles démocratiques et morales. La *liberté,* qui fait croire à la toute-puissance de l'homme et lui cache les réalités d'exclusion à la vie politique. La *solidarité*, qui empêche de voir la malveillance d'hommes qui sont séparés par leur destin de destinateurs. La *tolérance*, qui permet de faire tout accepter par les hommes, y compris l'inacceptable comme l'injustice, le mensonge et l'indifférence. Des tentacules érigés en vertus et dont les intentions demeurent invisibles.

La liberté d'expression est une illusion. Elle est un voile qui a été retiré aux hommes, celui de la retenue et de la dignité dans le but de connaître leurs pensées et intentions afin de les remodeler. Cette liberté illusoire accordée aux citoyens a permis l'établissement de mesures efficaces de calcul et de contrôle des pensées. Que ce soit en France, aux États-Unis en Italie ou en Allemagne, la liberté d'expression connaît les mêmes illusions. La différence réside dans le degré d'interprétation de cette liberté. Fondamentale pour les uns accessoire, superficielle pour les autres.

En France, ce qui fait la spécificité de la liberté d'expression est le caractère utopique dont fait preuve la société. Révolutionnaires dans l'âme pour une raison ; c'est cet espoir intangible en la beauté sur terre, par la réalisation des vertus, la liberté, l'égalité et la justice parfaite qui occupe les esprits gaulois et rend cet espoir dangereux. Car cet espoir n'est autre qu'un imaginaire, irréalisable dans son ensemble sur terre.

C'est ce point qui distingue l'Hexagone des autres nations qui ont par la suite repris les mêmes valeurs mais en conscience de leur utilité dans le jeu politique. Non de leur réalité sociétale. Les États-Unis sont l'exemple suprême de la compréhension de l'utilisation de ces valeurs pour l'érection d'un régime le plus universel qui soit aujourd'hui sur terre car accepté et partagé par un plus grand nombre de citoyens. Et même dans l'hypocrisie démocratique contemporaine, ils reconnaissent l'inéluctabilité de l'injustice, du mensonge et de la différence. Ils ne nient jamais qu'une élite commande en comité restreint, séparée du reste des citoyens. C'est la société méritocratique dont parlait Alexis de Tocqueville qui sépare les individus ayant gagné leur place de destinateurs de ceux qui en sont les simples destinataires.

Or, en France cette lecture n'est pas entendue dans les mœurs. L'espoir en la réalisation démocratique se fait plus fort et sa désillusion également. C'est donc une énigme qui divise la société entre ceux qui aperçoivent cette réalité de subversion démocratique et s'en accommodent du mieux qu'ils le peuvent, acceptant le jeu fatidique des inégalités, des contrastes, de la hiérarchie et de la soumission volontaire à un ordre supérieur (en l'occurrence l'État), et ceux encore aveuglés par un destin universel qui continuent à se soumettre mais involontairement à un pouvoir et une autorité mélangés.

L'irruption démocratique opérée par les lanceurs d'alerte

Les lanceurs d'alerte font preuve de la même adversité de vision quant à leur acceptation et à leur rôle dans les sociétés démocratiques. Ils donnent l'illusion que le citoyen peut reprendre le contrôle de la vie politique et sociale en redistribuant l'information au cœur du processus de décision collectif. Et ils permettent en effet cette redistribution égale des informations, et donc en théorie du pouvoir de décision et d'action dans le jeu démocratique. Ils sont un véritable espoir de rétablissement des sociétés premières et du modèle de participation active des citoyens. C'est pourquoi l'attente pressée d'un statut des lanceurs d'alerte se faisait nécessaire. Malheureusement pour la réalité de l'évolution des démocraties contemporaines, le subterfuge qui a fait croire en la reprise d'un modèle antique de collaboration active des individus entre eux, a effacé durablement les principes et valeurs vertueux aux origines chrétiennes et philosophiques qui permettaient cette cohésion d'un plus grand nombre. Sans ces repères immuables aucun partage de valeurs ne peut se coopter de façon pérenne et stable.

Une interprétation est alors possible. Le *lanceur d'alerte* comme dernier *espoir* d'un avenir *plus* démocratique. Face à l'échec de la voie libérale de la démocratie, demeure une autre voie à explorer. Celle d'un système de *démocratie cellulaire* établi et reconnu de tous les citoyens mais qui leur laisse aussi une marge de manœuvre réelle, optimisant l'ordre déjà existant des sociétés. Un système qui permettrait de conserver les bases solides et efficaces que sont l'organisation, la répartition des tâches, l'optimisation des capacités, mais qui serait rendu harmonieux par l'intégration globale de tous les acteurs du corps cellulaire. Cette harmonisation se réaliserait dans la réinsertion des corps intermédiaires, solution déjà préconisée par Tocqueville. Par les associations, les collectifs, les syndicats et les corporations de métiers qui rendraient plus performantes les communications et la coopération entre organes et institutions d'État. D'où résulterait une meilleure articulation des membranes politiques/étatiques. Une société civile qui se retrouverait au cœur du régime et non plus au rang de simple destinataire. Une forme de décentralisation du pouvoir par les différents relais qui augmenterait ainsi le principe dialogique contre celui de la délégation, et rendrait la légitimité de l'autorité. Ceci abaissant le voile de la représentation qui s'avère être le plus grand frein à l'accomplissement démocratique.

Bibliographie :

Livres :

ARENDT Hannah, *Du mensonge à la violence*, Calmann-Lévy, Paris, 1972.
ARENDT Hannah, *Responsabilité et jugement*, Payot&Rivages, Paris, 2005.
CHALTIEL Florence, *Les lanceurs d'alerte*, Dalloz, Paris, 2018.
DISANT Mathieu, POLLET-PANOUSSIS Delphine, *Les lanceurs d'alerte. Quelle protection juridique ? Quelles limites ?* LGDJ, Lextenso éd., 2017.
CALLON Michel, LASCOUMES Pierre, BARTHE Yannick, *Agir dans un monde incertain. Essai sur la démocratie technique*, du Seuil éditions, Paris, 2001.
CHATEAURAYNAUD Francis, TORNY Didier, *Les sombres précurseurs : Une sociologie de l'alerte et du risque*, EHESS, Paris, 2013.
GIBAUD Stéphanie, *La traque des lanceurs d'alerte*, Max Milo éditions, Paris, 2017.
HABERMAS Jürgen, *Droit et démocratie. Entre faits et normes*, Gallimard, Paris, 1997.

Rapports :

"Gesetz über die Bundesanstalt für Finanzdienstleistungsaufsicht", Bundesministerium der Justiz und für Verbraucherschutz.
https://www.gesetze-im-internet.de/findag/index.html
LOI n° 2013-316 du 16 avril 2013 relative à l'indépendance de l'expertise en matière de santé et d'environnement et à la protection des lanceurs d'alerte (1), Légifrance.
https://www.legifrance.gouv.fr/affichTexte.do?cidTexte=JORF TEXT000027324252&categorieLien=id
JEANGRENE WILMER Jean-Baptiste, ESCORCIA Alexandre, GUILLAUME Marin, HERRERA Janaina, Les manipulations de l'information. Un défi pour nos démocraties. Centre d'analyse de prévision et de stratégie (CAPS), Institut de

recherche stratégique de l'Ecole militaire (IRSEM), Paris, août 2018.
"Public Interest Disclosure Act 1998, UK Public General Acts1998 c. 23Section 1"
http://www.legislation.gov.uk/ukpga/1998/23/section/1

Discours :

LE DRIAN Jean-Yves, Discours de clôture de la conférence internationale, "*Sociétés civiles, médias et pouvoirs publics : les démocraties face aux manipulations de l'information*", Ministère de l'Europe et des Affaires étrangères, Paris, 4 avril 2018.

Interviews :

Interview de François Chateauraynaud, "L'ère des lanceurs d'alerte (1/5). Du prophète de malheur au lanceur averti", France culture, par Dominique Rousset, 11 mars 2019

Frédéric Pierucci. Alstom, la France vendue à la découpe ? Thinkerview, 8 juillet 2019.
https://www.thinkerview.com/frederic-pierucci-alstom-la-france-vendue-a-la-decoupe/

Sitographie:

BAKAJ Andrew P., the Whistleblower's Lawyer: 5 Fast Facts You Need to Know, Heavy.com, [Consulté le 07.10.2019]
https://heavy.com/news/2019/09/andrew-p-bakaj/
BRETTE Marie, Information, tv5monde, 16 mars 2019 [Consulté le 8 mai 2019]
https://information.tv5monde.com/info/union-europeenne-les-lanceurs-d-alerte-desormais-proteges-290375
BRUNKHORST Hauke, Droits de l'homme et souveraineté, un dilemme ? Trivium, 2009
https://journals.openedition.org/trivium/3358
CAPRIOLI Eric A., Ce que prévoit le projet de directive européenne sur les lanceurs d'alerte, avocat à la cour de Paris,

Docteur en droit, membre de la délégation française aux Nations Unies, Société d'avocats membres du réseau Jurisdéfi, Usine-digitale, 10 avril 2019.
https://www.usine-digitale.fr/article/ce-que-prevoit-le-projet-de-directive-europeenne-sur-les-lanceurs-d-alerte.N829395

DELOREY Rebecca, Transposition de la Directive "Secret des affaires" en France et en Allemagne : un nouvel instrument pour la protection et la valorisation du savoir-faire des entreprises innovantes, Recht & Steuern.
https://www.francoallemand.com/fileadmin/AHK_Frankreich/Dokumente/rechtsteuern/Transposition_de_la_Directive_Secret_des_affaires.pdf

HERAUD Béatrice, Un comité de pilotage contesté pour le débat national sur l'énergie, 12 novembre 2012
https://www.novethic.fr/actualite/energie/transition-energetique/isr-rse/un-comite-de-pilotage-conteste-pour-le-debat-national-sur-l-energie-138696.html

JANUEL Pierre, Lanceurs d'alerte : les apports de la directive pour une meilleure protection, Dalloz-actualité, 19 mars 2019 [Consulté le 8 mai 2019]
https://www.dalloz-actualite.fr/flash/lanceurs-d-alerte-apports-de-directive-pour-une-meilleure-protection#.XPtwQogzbIU

LUCAS Emmanuel, Violences sexuelles sur mineurs : le Sénat renonce à lever le secret professionnel, le 30/05/2019 [Consulté le 7 mai 2019]
https://www.la-croix.com/France/Violences-sexuelles-mineurs-Senat-renonce-lever-secret-professionnel-2019-05-29-1201025462

MARTIN Ulrich, Entreprises en Allemagne : 8 Adoption de la loi allemande relative à la protection du secret des affaires, Epp & Kühl.
https://avocat.de/app/frankreichrecht/_media/04-29-19-entreprises-en-allemagne-adoption-loi-allemande-protection-du-secret-des-affaires.pdf

MILLER Ian, "*Has the Enterprise and Regulatory Reform Act made a real difference*?", Brownejacobson, 23 juin 2016.
https://www.brownejacobson.com/insurance/training-and-resources/legal-updates/2016/06/has-the-enterprise-and-regulatory-reform-act-made-a-real-difference

PETIJEAN Olivier, Comment le lobby nucléaire entrave toute transition énergétique, Bastamag, 26 janvier 2017. [Consulté le 25 Septembre 2019]
https://www.bastamag.net/Transition-energetique-une-loi-paralysee-par-le-lobby-nucleaire
ROCHA Veronica, A timeline of how the Clinton impeachment went down, CNN, 25 septembre 2019, [Consulté le 07.10.2019]
https://edition.cnn.com/politics/live-news/trump-impeachment-inquiry-09-25-2019/h_f5b7df188bc47c1da03d9ea6f5503cef
SNEGAROFF Thomas, La transparence de la vie politique à marche forcée (1988-2014), France info, 6 janvier 2015. [Consulté le 21.10.2019]
https://www.francetvinfo.fr/replay-radio/histoires-d-info/la-transparence-de-la-vie-politique-a-marche-forcee-1988-2014_1769191.html
Le rôle de la CADA Cada,[Consulté le 10 octobre 2019]
https://www.cada.fr/lacada/le-role-de-la-cada
Association négaWatt, Réussir la transition énergétique. [Consulté le 28 Septembre 2019]
https://negawatt.org/Yves-MARIGNAC

La Californie menace le secret de confession, Liberté politique, 16 mai 2019 [Consulté le 7 mai 2019]
http://www.libertepolitique.com/Actualite/Coup-de-projecteur/La-Californie-menace-le-secret-de-confession

Du tritium dans l'eau potable ! Plus de 6 millions de français sont concernés [Consulté le 27 Septembre 2019]
https://www.acro.eu.org/tritiumeaupotable/
Transition énergétique, Séance en hémicycle du 6 octobre 2014 à 16h00.
https://2012-2017.nosdeputes.fr/14/seance/3737#table_10339
Le répertoire des représentants d'intérêts, hatvp. [Consulté le 10.10.2019]
https://www.hatvp.fr/la-haute-autorite/lencadrement-du-lobbying/definition-stricte-2/#

"*Small Business, Enterprise and Employment Act 2015*", Designing Buildings Wiki, 27 mars 2019.

https://www.designingbuildings.co.uk/wiki/Small_Business,_Enterprise_and_Employment_Act_2015

"Enterprise and regulatory reform Act, 2013: A guide", June 2013, Department for Business Innovation and Skills. https://assets.publishing.service.gov.uk/government/uploads/system/uploads/attachment_data/file/209897/bis-13-906-enterprise-and-regulatory-reform-act-2013-guide.pdf

"Loi organique et loi ordinaire du 15 septembre 2017 pour la confiance dans la vie politique" La vie publique, 18 septembre 2017.
https://www.vie-publique.fr/loi/20774-moralisation-de-la-vie-publique-loi-retablissant-la-confiance-dans-lac

"Lois pour la confiance dans l'action politique", Transparancy International France.
https://transparency-france.org/renforcer-notre-democratie/suivi-legislatif/lois-pour-la-confiance-dans-la-vie-politique/#.Xc2CfFdKjIU

"Protection for whistleblowers", Citizens Information, édité le 2 septembre 2019.
https://www.citizensinformation.ie/en/employment/enforcement_and_redress/protection_for_whistleblowers.html

TABLE DES MATIERES

Structures éditoriales du groupe L'Harmattan

L'Harmattan Italie
Via degli Artisti, 15
10124 Torino
harmattan.italia@gmail.com

L'Harmattan Hongrie
Kossuth l. u. 14-16.
1053 Budapest
harmattan@harmattan.hu

L'Harmattan Sénégal
10 VDN en face Mermoz
BP 45034 Dakar-Fann
senharmattan@gmail.com

L'Harmattan Cameroun
TSINGA/FECAFOOT
BP 11486 Yaoundé
inkoukam@gmail.com

L'Harmattan Burkina Faso
Achille Somé – tengnule@hotmail.fr

L'Harmattan Guinée
Almamya, rue KA 028 OKB Agency
BP 3470 Conakry
harmattanguinee@yahoo.fr

L'Harmattan RDC
185, avenue Nyangwe
Commune de Lingwala – Kinshasa
matangilamusadila@yahoo.fr

L'Harmattan Congo
67, boulevard Denis-Sassou-N'Guesso
BP 2874 Brazzaville
harmattan.congo@yahoo.fr

L'Harmattan Mali
ACI 2000 - Immeuble Mgr Jean Marie Cisse
Bureau 10
BP 145 Bamako-Mali
mali@harmattan.fr

L'Harmattan Togo
Djidjole – Lomé
Maison Amela
face EPP BATOME
ddamela@aol.com

L'Harmattan Côte d'Ivoire
Résidence Karl – Cité des Arts
Abidjan-Cocody
03 BP 1588 Abidjan
espace_harmattan.ci@hotmail.fr

Nos librairies en France

Librairie internationale
16, rue des Écoles
75005 Paris
librairie.internationale@harmattan.fr
01 40 46 79 11
www.librairieharmattan.com

Librairie des savoirs
21, rue des Écoles
75005 Paris
librairie.sh@harmattan.fr
01 46 34 13 71
www.librairieharmattansh.com

Librairie Le Lucernaire
53, rue Notre-Dame-des-Champs
75006 Paris
librairie@lucernaire.fr
01 42 22 67 13

www.ingramcontent.com/pod-product-compliance
Lightning Source LLC
LaVergne TN
LVHW051025051026
849532LV00004BA/1373